世界建筑大师

◎梁振忠　刘超／著

那些事儿

中原出版传媒集团
大地传媒

河南美术出版社
· 郑州 ·

图书在版编目（CIP）数据

世界建筑大师那些事儿/梁振忠,刘超著. - 郑州:
河南美术出版社,2014.12（2020.6）
（轻松读艺术/杨宏鹏,郭善涛主编）
ISBN 978-7-5401-2939-2

Ⅰ.①世… Ⅱ.①梁…②刘… Ⅲ.①建筑师 - 生平
事迹 - 世界 - 青年读物 Ⅳ.①K816.16-49

中国版本图书馆CIP数据核字（2014）第191997号

轻松读艺术

世界建筑大师那些事儿

梁振忠　刘超 / 著

责任编辑：陈　宁
责任校对：吴高民
装帧设计：陈　宁　葛文璐
出版发行：河南美术出版社
　　　　　地址：郑州市经五路66号
　　　　　邮政编码：450002
　　　　　电话：（0371）65727637
设计制作：河南金鼎美术设计制作有限公司
印　　刷：三河市同力彩印有限公司
开　　本：787毫米×1092毫米　16开
印　　张：10.5
字　　数：180千字
版　　次：2014年12月第1版
印　　次：2020年6月第5次印刷
书　　号：ISBN 978-7-5401-2939-2
定　　价：35.00元

目录

序言
让人类诗意地栖居

　　每个人都有拥有梦想的权利，当然每个人也都有实现自己梦想的权利。但是，这个世界上不是只有人类才会有梦想的，其实，那些用硬物质材料堆砌起来的建筑物也会有梦想。只是不同于人类的自我意识，它们的梦想是设计建造它们的建筑师所赋予的。

　　人类在诞生之初便学会了思考如何去寻得一处遮风挡雨之所，从天然山洞到混凝土住宅，这些可为人类遮风挡雨的住所在不断更替。衣食住行，在人类生活的必需品中，住排到了倒数第二位。诚然，只有吃饱肚子、穿暖衣服，经济条件达到一定水平之后人们才可以去想住这个问题。这样一来，搭建住所就又成了新的问题！人们在不断追求高端、大气、上档次的住所，而这些搭建住所的人也从石匠和泥瓦匠一跃成了建筑师。

　　普通人往往没有什么才气，而天才却常常像个疯子。有些人天生就是为艺术而生，只是他们身上所表现出的艺术才能不同。

　　世人都说艺术家不是疯子就是傻子，假如建筑师不算艺术家的话，那么安东尼奥·高迪又是为何痴狂的呢？如果说艺术家也是一种职业，那么建筑师一定是那个最具职业精神的艺术家。建筑和艺术虽然有所不同，但它们的实质却是一样的。

曾经有人就西班牙最浪漫的城市巴塞罗那进行过"哪个才是城市真正象征物"话题的争论。有人说古埃尔公园是巴塞罗那的象征，有人说米拉公寓是巴塞罗那的象征，也有人说神圣家族大教堂是巴塞罗那的象征。可是，事实证明，巴塞罗那那个浪漫的小城的真正象征是安东尼奥·高迪。在联合国的世界文化遗产名录中，"高迪"是唯一一位列其中的人名。这不仅仅是一份荣誉，更是对"疯子"高迪这一生的肯定。

光阴似箭，历史辗转，斯人已逝，留下的是一座座别具特色的建筑物。不得不承认，高迪的一生就是与建筑厮守的一生。这些建筑物纠缠着高迪的一生，仿佛今生只愿与高迪一人演绎缠绵悱恻的爱情童话，可这背后的心酸彷徨谁又能与共？这一生，高迪就是为建筑而生，冥冥之中，早已注定。也不知是高迪选择了建筑，还是建筑选择了高迪。

在这个世界上，并不是每一位建筑大师天生就是干建筑的命。有些建筑师也是半路出家的，但是，他们在建筑方面的才能却一点也不逊色。比如约恩·伍重这位半路出家的丹麦籍建筑大师，他的作品比他的名字更为响亮。一座悉尼歌剧院就使他扬名立万，仿佛他这一生就只有这一件作品，可是这一件作品就足以使他辉煌一生。

悉尼歌剧院坐落于澳大利亚悉尼港贝尼朗岬角，它是一座艺术文化殿堂，可以说这个世界上没有人不知道它，可是却鲜有人知道它的创作者。事实上，约恩·伍重的建筑作品并不算少，可以说已经达到遍布世界各地的程度。但是只有悉尼歌剧院这个经过他呕心沥血、千锤百炼的建筑物，才可独领风骚数百年。人们感叹悉尼歌剧院的高贵与典雅，人们向往悉尼歌剧院的神秘梦幻。这位"翘首遐观的恬静修女"有着人们太多的希望与期望，可是谁又知道这背后的坎坷波折。看来，做一位优秀的建筑师并不是那么容易。

问这世间最无情的事物，那必然是钢筋混凝土的建筑。当然，这个世界上建筑师也是男性居多，仿佛只有男性的刚强正义方可压得住钢筋混凝土的坚硬。但是，事情往往没有那么绝对。建筑界也有"女王"，她就是伊拉克裔英籍女建筑师扎哈·哈迪德。

选择永远都是单向的，但是对于扎哈·哈迪德来说却是双向的。建筑选择了扎哈·哈迪德，当然，扎哈·哈迪德也选择了建筑。想要在男人主导的领域中闯出一番天地并不是一件易事，但是扎哈·哈迪德却做到了。扎哈·哈迪德是活跃在当今建筑舞台上一颗耀眼的明星，她闪烁的光芒不仅来自于"世界首位获得普利兹克建筑奖的女建筑师"，更来自于她那超级前卫与极富想象力的建筑作品。当然，哈迪德的一生也是与建筑紧密相连的一生，无论这条路有多么坎坷，她都坚强勇敢地占据了世界建筑之林的一角。她不仅是建筑界的"女王"，更是世界女性的榜样。

不是只有男人的刚强正义才能压得住钢筋混凝土的坚硬，女子的阴柔娇媚亦可使这些钢筋混凝土俯首称臣。近70岁的哈迪德没有过婚姻，也没有孩子，她疯狂地创作、疯狂地建造，好像建筑就是她的恋人和孩子。

不得不承认，建筑师是这个世界上最敬业的艺术家。

本书涵盖了当今世界上最优秀的20位建筑大师，他们虽然拥有不同的国籍，居住在不同的地方，使用着不同的语言，但是，他们都有着一个梦想，就是使这个世界变得更加美丽。在建筑这条路上，他们付出了比常人更多的努力，他们设计着形态各异的建筑物，他们将自然、天地、万物揉和在了一起，只为创造出更美好的明天。

希望读者朋友们在读这本书的时候可以感受到人们实现梦想的正能量。建筑物虽然冰冷，但是建造它们的人却满腔热情。即使它再怎么冷酷，也抵不住爱满人间。

当然，这本书并非尽善尽美。我们努力地追寻这些建筑大师们背后的故事，可是有些还是我们涉及不到的，希望读者朋友们谅解。

安德烈亚·帕拉第奥（1508—1580）
城市是所大房子

建筑的美存在于和谐的数学比例之中。

——安德烈亚·帕拉第奥

人类在诞生之初便思考如何去寻得一处遮风挡雨之所，从天然山洞到混凝土住宅，建筑以我们肉眼可见的速度更替，但建筑师这一职业并非从房屋出现的时候就存在。在西方，人们最初造房子时会请石匠和泥瓦匠，富有的人为了建筑的美观和气派，会再请个画家、雕塑家。我们所熟知的米开朗琪罗、拉斐尔、达·芬奇等，虽然都主持过建筑设计，但那都属于玩票性质，直到帕拉第奥这批人出现后，建筑师才成为了一种独立职业。

安德烈亚·帕拉第奥是文艺复兴时期的建筑大师，在西方被认为是"史上最重要的建筑师"。他离世至今虽然已有四百多年，但这位建筑师却从未被人遗忘，他的建筑理念能无视漫长光阴历代传承，除去他本人出色的才华，还不得不归功于那本《建筑四书》。也许说起帕拉第奥的建筑，人们会觉得陌生，但提起美国白宫、格林尼治的皇后住宅以及白金汉宫却无人不知，它们都深受帕拉第奥风格的影响。

安德烈亚·帕拉第奥于1508年11月30日出生在意大利帕多瓦一个磨坊主家庭，他13岁就给一位石匠当学徒，17岁离开家乡到维琴察一个石匠作坊当助手，就这样在30岁之前他都与石头打交道，因而擅长柱子、门框和壁炉的雕刻。文艺复兴时期，有一些建造房子的人摆脱工匠的身份，以艺术家和城市面貌塑造者的身份出现在社会生活中，他们就是最初的建筑师，帕拉第奥便是其中之一。

帕拉第奥在30岁时遇见了他的贵人，当时意大利的剧作家、戏剧理论家特里西诺。据帕拉第奥的首位传记作家保罗·瓜尔多记载，帕拉第奥当时对特里西诺位于维琴察的别墅进行扩建，特里西诺觉得这个年轻人与众不同。朱塞佩·加洛在《建筑师丰富的一生》中写道："当特里西诺注意到帕拉第奥是个在数学方面具有天分的年轻人时，便决定培养他的能力并向他介绍维特鲁威，还三次带他到罗马。"不仅如此，就连"帕拉第奥"这个名字也是特里西诺起的，"帕拉第奥"寓意为希腊智慧女神，也就是帕拉·雅典娜。

特里西诺所推崇的维特鲁威是一千五百年前的罗马人，他所写的《建筑十书》在文艺复兴时期备受建筑师推崇。这本书在后来出版过程中，帕拉第奥应邀为书画了很多插图，这在潜移默化中影响了帕拉第奥的建筑风格。帕拉第奥也对维特鲁威心怀崇拜，潜心研究维特鲁威的著作，在那个时代，应该没有比帕拉第奥更熟悉维特鲁威的人了，他认为维特鲁威揭示了古建筑最隐秘的秘密。

古人要想名垂千古，留下一本著作很有必要。在帕拉第奥临终前的十年里，他也如维特鲁威一样，出版了自己的书籍《建筑四书》，书中总结了他的建筑思想和前三十年的建筑经验。在书的第一卷，帕拉第奥介绍了古典建筑中常使用到的五种柱式以及建筑中的楼梯和门窗类型；第二卷介绍了如何将这些元素结合起来运用，还附上了自己设计过的所有宫殿和别墅建筑的图文说明；第三卷是对古代城市规划和桥梁的讲解；第四卷讲解如何研究古代罗马寺庙以及古罗马神殿的复原图。《建筑四书》成了后世人们了解帕拉第奥的第一手资料，但有学者指出有些实际执行的项目与书中收录的图纸有所出入，也有一些建筑并非出自帕拉第奥之手，但这都不足以抹杀帕拉第奥在建筑史中的地位。这本《建筑四书》包含了文艺复兴时期几乎全部的建筑成果，在书中出现了很多古典的建筑样式，这都源于帕拉第奥在特里西诺带领下的几次旅行。

在1538年到1541年间，帕拉第奥跟随着特里西诺的脚步，相继在帕多瓦、费拉拉、威尼斯停留将近两年时间，在此行程中，他接触到法尔科内托生前的图纸，并吸取了科尔纳罗的一些建筑理论。之后又于1540年、1545年以及1584年三次前往罗马，罗马之行直接影响到帕拉第奥建筑事业的发展，帕拉第奥在《建筑四书》中曾写道："我自己决定调查古代建筑遗迹，发现它们比我设想的更有研究价值。我开始以最大的努力和热情来仔细测量其所有部件。"帕拉第奥重视建筑的每一个细节，他将测量得出的数据记录下来，用来总结在这些古代建筑中存在的某些规律，并在以后的建筑设计中加以运用。

对古建筑的测量是一项艰巨任务，在测量过程中一个人根本无法完成，需要他人帮助。帕拉第奥根据测量数据和现场绘制的图纸，回到研究室进行图纸复制，这是一件很花费时间与精力的工作，为了提升效率，他会借助其他建筑师的图纸，原样复制下来。帕拉第奥绘制图纸时，采用直角投影的绘图做法在直角网格中完成图纸，这样的做法能大大降低误差，这也是绘制现代建筑图纸的主要方法。

帕拉第奥在游历过程中，收集了大量关于古建筑的具体资料，这些东西变成了一个百宝箱，当他需要的时候就在里面翻翻找找。路易斯·海尔曼在《建筑趣谈A-Z》中写道："文艺复兴时期建筑师们像使用工具箱里的零件一样，自由地在建筑物的外部和内部使用了大量的古典主义元素和形式。这是文艺复兴时期建筑风格的一大特点。"

16世纪，海外贸易逐渐兴盛，新兴贵族从中获得大量资本，世俗力量逐步壮大，宗教力量无法与它抗衡。当时意大利并不是一个统一的国家，而是分散为许多小的公国，其中威尼斯发展得很快，这让教皇感到恐慌，于是缔结了一个反威尼斯联盟。八年的战争，使威尼斯将经济发展重心从海外贸易重新转到农业发展上，开垦了大片土地。同一时间，跨越大西洋的贸易兴起，欧洲大国在这种贸易中，占据更好的位置，弱小的国家在贸易交往中占不到优势，于是这些新兴贵族就顺应国家经济发展的方向，将自己的生意转行，花费金钱购置土地。为了方便管理，他们也从城市搬到农村，去监督农民干活或者是将土地租出去收取佣金。有了足够的资本，这些贵族到了农村也不能委屈自己，依旧要住在他们看来配得起自己身份的房子里。

宗教地位下降，教堂、神庙这些曾经只能顶礼膜拜的建筑也不再是高不可攀，于是之前只能运用于教廷的设计也开始运用于民宅。在帕拉第奥的建筑中，我们经常能看到圆形，帕拉第奥把完美的圆形当成上帝的象征，以往这种设计都只在教堂中出现。帕拉第奥将那些圆形的穹顶，包括一些壁画等元素运用到自己的设计中，建筑显得富丽堂皇。帕拉第奥是第一个这样做的建筑师，他的这种做法，显然很对贵族们的胃口，寻找帕拉第奥设计房子的人也越来越多。这些人大致分为两种：一种是威尼斯贵族，这些人一般都具有一定政治地位；另一种就是"农场主"贵族，他们拥有大量的资产，他们对住宅的要求就是要显示出自己城市贵族的地位，建筑要足够气派，尽最大可能地利用土地资源。

帕拉第奥设计的建筑总喜欢运用白色，他认为"在全部色彩中，最适合于神殿的是白色，因为这种色彩的纯洁，正如生活的纯洁一样，上帝是最喜爱的"。

在帕拉第奥设计的众多别墅中，最为出名的应当是圆厅别墅，它的拥有者是保罗·阿梅里克先生。这位先生曾担任过两任教皇的咨询官，由于做得好，受到奖励，就和家人一起成了罗马公民。之后他开始在外旅行，当他旅行结束回到家时，家人都已经去世了，于是他便隐居在维琴察的郊区。帕拉第奥在这里为他建起了房屋，也就是圆厅别墅。

帕拉第奥曾在《建筑四书》第二卷中这样描绘圆厅别墅："它位于一座缓缓升起的小山上；山的一边沐浴在适宜航行的巴基廖内河中，另一边则被群山环绕，就像一个巨大的剧场，漫山遍野栽种和生长着美味的水果和诱人的葡萄；每个方向都能欣赏到最美的景致，只是其中有的幽深，有的开阔，还有的则一望无际，消失在地平线上，正因为如此，房屋的四面都建造了敞廊；在敞廊和大厅的楼下，是便于仆人使用的房间。大厅位于中央，呈圆形，自屋顶采光。大房间的拱顶高度是按照第一种方法确定的，在大房间的上方，有狭窄的空间可供人们围绕大厅行走。在支撑敞廊楼梯的基座末端是当时著名雕塑家洛伦佐的雕像作品。"

圆厅别墅

整个建筑像是万神庙与希腊神庙的合成品，呈中心对称，四个方向的入口门厅形式完全相同，由二十多级台阶将人们引入建筑，入口处都是古代神庙式柱廊，由6根细长的爱奥尼亚柱组成。别墅分为三层，首层主要作为礼仪性的公共空间来使用，二楼用于居住，正中心是圆厅统领整个空间。我们可以看到，这一别墅是对各种形式的混用，《建筑四书》卷一写道，"美产生于形式，产生于整体和各个部分之间的协调以及部分和整体之间的协调；建筑因而像个完整的、完全的躯体，它的每一个器官都和别的相适应，而且对于你所要求的来说都是必需的"。

曾有书中这样描述圆厅别墅："这是一种把集中式应用到居住建筑中的尝试。严谨的四面对称性降低了居住功能，但形象上的主宰四方之感吸引了后来不少追随者。"

帕拉第奥以及同时期的建筑师，对于建筑材料的选择，大多是用能承受压力的石灰浆和砖石砌体，这种材料具有较低的拉伸强度和良好的抗压能力，这种能够承受压力的石灰砂浆多来自于威尼托地区的采石场。砖石砌体构成的拱形结构，一般由柱子和墙体支撑，这种拱形结构的最大跨度，在1.60米至1.70

米左右。在帕拉第奥的《建筑四书》中有这方面尺寸数据的详尽说明："房间的顶部是拱顶或天花板，如果是天花板，从铺地到梁的高度要和房间的宽度相等，楼上的房间会比楼下矮六分之一；如果是拱顶，正方形的房间里，拱顶的高度会超出房间宽度的三分之一。"

帕拉第奥对古罗马建筑细致入微的了解，让他形成了一些关于建筑的理论，之后便将维琴察这座哥特式的小城变成了一个实验基地。维琴察是位于威尼斯以西约60公里的一个古老小城，在意大利这个名城众多的国度里显得低调，如同一坛陈年老酒，只有揭开封泥盖子时，才能感受到香气浓醇。

帕拉第奥对于维琴察的意义，好比高迪之于巴塞罗那，珊索维诺之于威尼斯，贝尼尼之于罗马，阿尔瓦·阿尔托之于芬兰，瓜里诺·瓜里尼之于都灵。帕拉第奥一生的58处建筑，绝大多数都留在这里。1994年维琴察因城市里的23处帕拉第奥式建筑加上城外的3个帕拉第奥别墅，被联合国列入世界文化遗产名单。维琴察也被称为"帕拉第奥之城"。

到了文艺复兴晚期，随着人本思想的发展，帕拉第奥在对古典元素的运用上有了新的突破。1549年，他在对维琴察市政厅进行改建时，为大楼设计了两层古典连拱廊，用柱式支撑拱廊，对建筑中的柱式与拱结构做出新的设计，创造性地解决了立面柱式构图。在继"角斗场母题""凯旋门母题"之后，帕拉第奥的这种设计被后人称为"帕拉第奥母题"。

建筑中的比例和对称受到许多建筑师的重视，帕拉第奥在《建筑四书》中关于比例方面的注解基本仿效了维特鲁威、阿尔贝蒂等人给出的房间尺寸。古罗马理论家维特鲁威在他的建筑理论著作《建筑十书》中讲道，"建筑应讲求规则、配置、匀称、均衡、合宜以及经济"。文艺复兴早期的建筑理论家阿尔贝蒂在《论建筑》一书中指出："建筑之美来自各部分数学比例的合理整合，对任何部分的稍微增加和减少都会破坏整体的和谐。"在建筑的比例上，帕拉第奥受维特鲁威的影响，也十分重视建筑与人体的关系，他认为人是由上帝造出来的，因而在人类造建筑时，也应该遵从一定的比例。以这样的方式思考，后世的勒·柯布西耶从古典建筑中探寻规律，从而得出与人体比例相近的"模度"也不是空穴来风。

帕拉第奥是一个很有亲和力的建筑师，在建筑上也有超高技能，他很关心工人们的情况，与工人们相处得很好，他以这些石匠、泥瓦匠和木匠能理解的方式讲解建筑，教会他们建筑的测量方法等一些相关知识。由于他的健谈，与贵族的关系也非常融洽，在帕拉第奥晚年的时候，穷到买不起一幢房子，那些与他交好的富商们想要买一栋送给他，但被他拒绝了。对帕拉第奥来说，这座由他设计的建筑铺满的小城，就是一所巨大的住宅。

建筑史学家詹姆斯·艾克曼曾这样说过："在整个西方世界中，成千上万的住宅、教堂和公共建筑延伸帕拉第奥的设计理念，即对称立面和置于半柱顶部的三角墙。他（帕拉第奥）是历史上被模仿最多的建筑师，他对英国和美国建筑发展的影响可能比所有其他文艺复兴时期的建筑师加起来更深远。"通过帕拉第奥我们看到的不是单一的某座建筑，而是以人文主义思想为主导的整个文艺复兴时期建筑的发展脉络。

古斯塔夫·埃菲尔（1832—1923）
结构大师

> 父亲留给了我梦想，而母亲却教我懂得了事业的艰辛，梦想
> 加上努力才能事业有成。
>
> ——古斯塔夫·埃菲尔

提起浪漫的巴黎，首当其冲映入人们脑海中的就是埃菲尔铁塔，同时也会使人想到它的设计者——古斯塔夫·埃菲尔，这个一生好像只有一件建筑作品的男人。蓦然回首，才发现使埃菲尔登上世界建筑之林的那个人不是别人，正是他的父母。

提起浪漫的巴黎，人们很快就会想到埃菲尔铁塔，同时也想到他的设计者古斯塔夫·埃菲尔，这个一生好像只有一件建筑作品的男人。人们惊叹于埃菲尔铁塔的无与伦比，享受着抵达塔顶的曼妙，却不知道这背后有着一个怎样的故事。世人常说每一位成功男人的背后都有一个默默付出的女人，这句话对古斯塔夫·埃菲尔来说一点儿也不为过。

1832年12月15日，著名建筑大师古斯塔夫·埃菲尔出生在法国勃艮第中部的第戎。祖籍是德国的埃菲尔家虽然不是特别富裕，却过着令人羡慕的生活。埃菲尔的父亲是军队的文职人员，母亲则是一位普普通通的家庭妇女。因为拿破仑第一帝国的灭亡，法国经济遭受重创，所以埃菲尔的母亲决定不再坐以待毙，她单独经营一家煤栈。虽然煤栈的生意还说得过去，家里经济条件得到了

改善，但是，父母却没有足够的时间用在小埃菲尔身上了。所以，埃菲尔的童年是在外婆家度过的。12岁那年，埃菲尔有幸进入法国的一所皇家中学进行学习。可是，在那个调皮捣蛋的年纪里，埃菲尔厌恶长时间待在学校。外婆家的院子里总是摆放着一堆样式奇特的泥塑，那时谁都不知道那是埃菲尔的建筑创作。埃菲尔把所有的精力都放在建筑上了，对学习一点儿都不上心，家里人见此都干着急，却没有意识到小埃菲尔对建筑是如此热爱。中学毕业的埃菲尔因为成绩的原因与理工大学失之交臂，这对想成为建筑师的埃菲尔来说是一个沉重的打击。母亲为了安慰埃菲尔，经常把埃菲尔拉到煤栈去帮忙。如果那时，埃菲尔没有遇见一个名叫玛格丽的女孩子的话，可能这个世界上便会多一名煤栈老板，而不是一名著名的建筑师。

埃菲尔深爱着这个叫玛格丽的女孩，把玛格丽的话当作是至理名言。玛格丽对埃菲尔说："埃菲尔，不要放弃，我相信你一定能够成为一名建筑工程设计师，一定能设计出闻名于世的建筑作品。而且，我要听你在那座建筑上对我说你爱我！"所以，埃菲尔就痛改前非，埋头苦读，为成为一名建筑师而不断努力着。1852年，20岁的埃菲尔凭借着自身的聪颖，以优异的成绩顺利考上了法国巴黎中央工艺制造学院。在那里，埃菲尔第一次接触到了真正的建筑。1855年，23岁的埃菲尔以良好的成绩领取了工程师的毕业文凭。大学毕业后的埃菲尔在朋友的介绍下进入西部铁路局研究室当工程师，不曾想，这一次抉择就是一生的付出。1866年，埃菲尔成立了以自己名字命名的建筑事务所，在他办公室门上镶着这样一块铜制标牌：古斯塔夫·埃菲尔，建筑师，承接各种金属结构的建筑物。

在最初学习建筑时，母亲是极不看好埃菲尔的。初出茅庐的他，总是一个人静静地坐在制图板前，构思设计出一些平常之至的方案。埃菲尔的母亲认为儿子想做建筑师并不是一个高明之举，但是埃菲尔却对母亲说："耐心点儿，妈妈，我有自己的想法，你会看到结果的。"事实战胜了所有人的猜测，当埃菲尔成为现代建筑的鼻祖时，没有人会再去否定他最初的梦想了。成功后的埃菲尔面对采访时曾经这样说："父亲留给了我梦想，而母亲却教我懂得了事业的艰辛，梦想加上努力才能事业有成。"

　　1856年，对于很多人来说都是平常的一年，与往年并没有什么差别，但是对于古斯塔夫·埃菲尔来说却意义非凡。这一年，24岁的埃菲尔接到了他人生中的第一份工程委托书，这是一份关于加隆河铁道桥的修建委托书。加隆河铁道桥位于法国的波尔多，是埃菲尔的首座建筑作品。此桥周身使用的都是钢铁构架，没有添加任何辅助材质。埃菲尔利用了高压空气驱动技术将这座长达500米的铁道桥架设在了跨越吉隆河中的6个桥墩上，这种高压空气驱动技术不仅震撼了当时的法国建筑界，更震惊了国际建筑界。1860年，法国波尔多加隆河铁道桥全面落成，埃菲尔也因此在整个建筑界名声大振。为他带来极大声誉的不仅仅是铁道桥的无与伦比，更是引领世界建筑潮流的高压空气驱动技术。因为加隆河铁道桥的成功建造，使埃菲尔对结构设计更加痴迷。喜爱钻研的埃菲尔发明了预制桥梁技术，这种技术类似于现在的组装技术，但与现在的组装技术也存在着些许不同。预制桥梁技术就是在工厂中生产出预制桥梁的配件，然后拿到施工工地进行现场组装。虽然此项技术对设计图纸以及生产技术的要求都非常高，但是它的确提高了桥梁建筑效率，还使得偏远地区进行桥梁建设成为可能。古斯塔夫·埃菲尔乐于建造大桥，他的一生一共建设了42座跨河大桥，除了法国，像葡萄牙、俄罗斯、秘鲁这些地方都有埃菲尔的桥梁大作。不得不承认，埃菲尔就是一个桥梁建造天才。

加隆河铁道桥

　　1871年，法国政府为了纪念第一次法美结盟，促进两国友谊关系，决定向美国赠送一座自由女神像。这座神像经商议被委托给了当时著名的雕塑家奥弗雷德里克·古斯特·巴道尔蒂。巴道尔蒂对女神形貌的设计早已胸有成竹，但是，如何使150英尺高的雕像经得住纽约港的海风顺利抵达美国却成了一个困扰巴道尔蒂的难题。为了解决这个难题，巴道尔蒂找到了刚开不久的古

自由女神像

斯塔夫·埃菲尔建筑事务所，希望埃菲尔可以帮助他。聪明的埃菲尔很快就想到了解决这一问题的方法，他为女神像特别设计制作了一个轻便但坚固的金属框架，把它安装在了雕塑的底部，稳固了整个女神像，使得自由女神像可以不再畏惧任何海风吹刮。除此之外，巴道尔蒂还采纳了埃菲尔简单易行的结构制造原理，利用金属大梁以及支架组合完成自由女神像。

自由女神像是人类目前为止建造的最大的雕像之一。自1886年落成后，它经历了一个多世纪的风吹雨淋。时至今日，还依旧耸立在美国纽约市海港内的自由岛哈德逊河口附近。当然，这都得益于埃菲尔的结构制造原理。其实，自由女神像早就成了美利坚民族和法国人民友谊的象征，它不仅暗含着法美两国关系的坚不可摧，还预示着法美两国对自由的向往。

1884年11月8日，法国政府对外宣称，为了迎接即将到来的法国大革命100周年纪念日，法国政府决定于1889年在法国首都巴黎再次举行世界博览会。但是因为陈旧的历史原因，欧洲很多君主国对法国大革命并无好感可言，都不情愿参加这次世界博览会，英国和俄国甚至还公开反对这次世博会。为此，法国政府决定要将这次世博会举办得更加精彩。经过多方高端探讨，法国政府决定

要为巴黎的战神广场竖立一座极具标志性的建筑。考虑到实际所需，政府对这座标志性建筑提出了两点具体要求，一是希望这座建筑必须达到300米，并且能够吸引足够多的游客买票参观；二是希望这座建筑必须可以在世博会结束之后轻易拆除。当时，法国已经有了六座伟大传统建筑。其中，古埃及方尖碑27米，七月纪念柱47米，凯旋门49米，圣雅克塔52米，巴黎歌剧院54米，巴黎圣母院68米。据说，之所以要求这座建筑的高度必须达到300米，是因为只有这个高度可以超出当时巴黎所有伟大传统建筑高度的总和——297米。

法国政府向全世界的建筑师们都发出了诚挚的邀请函，希望他们可以设计建造出符合这一要求的经典作品。此番举动，无疑搅乱了当时的建筑界，很多世界知名建筑师都寄来了应征方案。这些来自不同地方、不同人的应征方案创意百出，各具特色。据巴黎《时代报》记载，这些应征方案"有象征着昔日帝国主义结束的巨大断头台，有在干旱季节可以喷淋整座城市的高大洒水装置，有刻着法国英雄的金字塔，还有能够照亮法国巴黎夜空的带有巨大电灯的建筑……"真的是五花八门，无奇不有。但是，应征结果却令人大跌眼镜。1886年，在审阅了近千份应征方案后，世界博览会的委员们将目光齐聚在了一座A字形拱门高塔上。谁也不曾想到，最后胜出的竟然就是这座钢铁结构的拱门高塔。这座高塔，就是埃菲尔铁塔的雏形。应征方案脱颖而出，组委会的官员们都长舒了一口气。

谁知，一波未平一波又起。仿佛整个1884年的巴黎，都与这座钢筋铁塔结成了剪不断理还乱的关系。直到签署了铁塔建造合同后，时年53岁的埃菲尔才意识到，法国政府只能拿得出五分之一的预算资金。不得已，埃菲尔只得抵押了自己的建筑事务所来换取另外的预算资金，而埃菲尔也只不过获得了铁塔在世博会期间以及此后20年的各项盈利收入。铁塔开工伊始，埃菲尔就接到了由一批艺术家和建筑师联合签名发表在巴黎《时代报》上的"反对修建埃菲尔铁塔"的抗议书。抗议书言辞激烈地批评了铁塔："我们深爱巴黎之美，珍惜巴黎形象，现在以法国色彩被蔑视、法国历史遭威胁的名义，义正辞严地抗议这座修建在我们美丽首都心脏位置的荒谬的怪物。请诸位设想一下，巴黎的美丽建筑怎么能与个使人头晕目眩、怪异可笑的黑色大烟囱放在一起？黑铁塔一定会用它的野蛮破坏整个巴黎的建筑氛围，令巴黎建筑蒙羞，巴黎之美将在一场噩梦中彻底丧失。这是滴在纯净白纸上的一滴肮脏的墨水，是魔鬼强涂在巴黎美丽脸庞上的可怕污点。"在这封抗议书下面龙飞凤舞地签着古诺德、莫泊桑、左拉、小仲马、可佩等人的大名。虽然众人联名上书，但是埃菲尔依旧没有停止对铁塔的建

埃菲尔铁塔

造。这时一批文人雅士又站出来了，他们声称："……该清楚地认识到我们在追求什么了，这个奇怪可笑的铁塔，如同一个巨大的黑色的工厂烟囱，耸立在巴黎的上空。这个庞然大物将会掩盖巴黎圣母院、残疾人宫、凯旋门等著名的建筑物。这根由钢铁铆接起来的丑陋的柱子，将会给这座有着数百年气息的古城投下令人厌恶的影子……"

　　法国民众本来期待这次建立在巴黎战神广场的标志性建筑可以战胜英国"水晶宫"的博览会建筑，但是听到众多名人对铁塔的批评，都对此塔发出了不满之声。一时间，对铁塔的批判之声充斥了法国巴黎的街头巷尾，他们响应着名人的说法，认定了铁塔就是一座黑烟囱。反对的声音并没有因为政府的出面而平息，反而愈演愈烈。法国一位数学教授还预测，当这座"黑烟囱"建设到228米之后，就会轰然倒塌。一位住在铁塔附近的巴黎市民还为此将埃菲尔告上了法庭，要求立刻停止建造铁塔，以免倒塌的铁塔砸坏了自家的房屋。还

有一些"专家"宣称铁塔的灯光将会杀死塞纳河中所有的鱼。巴黎版的《纽约先驱论坛报》甚至发出铁塔正在改变气候的报道，有些报纸更是用头条报道铁塔"正在下沉"。面对指责，埃菲尔选择了保持沉默。但是，他每天还是会准时到达铁塔的施工现场，指挥工人作业。"我不是一百块钱，不能让每个人都喜欢。"这句话用来形容此时的埃菲尔是如此贴切，可见埃菲尔铁塔连十块钱的魅力都没有，每个人都对它嗤之以鼻。

1889年3月31日，埃菲尔铁塔在一片指责声中功成圆满。它轻盈的造型，在太阳光的照射下显得更加完美。虽然庆典礼炮鸣放了21响，但是围观的群众却寥寥无几。5月15日，世界博览会如期举行，铁塔开始向游人开放。在以后的近8个月中，有200万人参观了铁塔。这个被称为"可恶的奇形怪物"一时间成了整个巴黎城市的宠儿，没有人不为此感到骄傲。

当年那些联名写抗议书的社会上流人士显得格外难堪，那个扬言"巴黎如果建成铁塔，我就要永远离开这个城市"的莫泊桑也没有遵守诺言。据当时在埃菲尔铁塔内餐厅服务的小姐回忆说，铁塔建成后，莫泊桑经常到此吃饭和享用下午茶，尽管他时常抱怨塔内的饭菜口感不好，但是却没有影响到他光临的次数。当人们问他是否还记得自己当初说的话，他却一脸无辜地说："谁叫在巴黎，只有在埃菲尔铁塔内，才是唯一看不见那座破塔的地方。"

埃菲尔铁塔屹立于法国巴黎市中心的塞纳河畔，总高324米，是1930年前全世界最高的建筑物，浪漫的法国人亲切地将它称为"云中牧女"。铁塔顾名思义就是用钢铁筑建的塔，除了四个塔墩是用水泥浇灌的外，它的周身全部是钢铁镂空的结构。整座铁塔一共分为三个楼层，每层都有一个平台，分别设在离地面57.6米、115.7米和276.1米处，在铁塔塔顶可以一览巴黎全城迷人的景色。从一开始，铁塔就是以"赚钱"为目的的。所以，塔中一、二层内设有餐厅，三层建有收费观景台，还有升降机等辅助设备。从塔座到塔顶一共有1711级阶梯，每个阶梯都牢稳可靠。塔的四面铭刻了72位保护铁塔不被摧毁的研究人员的名字。埃菲尔铁塔是用5300张设计草图、1.8万个金属制件、7000吨钢铁、250万个铆钉，由200多个工人用600多个日夜共同铸造而成的。铁塔的每步建设都在埃菲尔的精密计算之中，没有一丝差错，可见埃菲尔对此塔的用心之深。

每隔7年，埃菲尔铁塔都会被刷新一遍，这足以显现巴黎人民对此塔的热爱。伟大的发明家爱迪生也曾来到埃菲尔铁塔，他将自己发明的白炽灯带到了世博会上，创下了历史上第一届"夜如白昼"的世界博览会。爱迪生也非常钦佩埃菲尔能够建造出如此惊人的铁塔，就将自己发明的留声机送给了他，并题词：献给建造如此巨大、如此现代化建筑典范的勇敢建设者——古斯塔夫·埃菲尔。

埃菲尔铁塔是法国巴黎的标志之一，它与纽约的帝国大厦，东京的电视塔共同被誉为世界三大著名建筑。它的设计新颖独特，不失为世界建筑史上最杰出的作品之一。

埃菲尔铁塔的成功修建，使埃菲尔终于有机会登上当时这个世界上最高的地方，向挚爱的妻子玛格丽说上一句："我爱你！"古斯塔夫·埃菲尔的成功离不开他妻子玛格丽的帮助，可是谁又能想到天意弄人，玛格丽早已撒手人寰。这座矗立在战神广场上的铁塔，不仅是时代的象征，也是忠贞爱情的象征。

1923年，古斯塔夫·埃菲尔安详地离开了人世，或许他并没有真正的离开，而是去寻找他挚爱的妻子了。但是，他给世界留下的不仅仅是一座埃菲尔铁塔，还有那些极具代表性的结构建筑理论。

安东尼奥·高迪（1852—1926）
拥有一颗纯粹表达自然的心

"只有疯子才会试图去描绘世界上不存在的东西！"

——安东尼奥·高迪

他并不是一个天才，也不是一个自小就叫人拍手称赞的好孩子，直到从建筑学校毕业，校长还感叹道："真不知道我把毕业证书发给了一位天才还是一个疯子！"他用超于常人的思维玩转建筑界，专注于曲线建筑作品的建设，并对此乐此不疲。他自始至终都认为在自然界中是没有直线存在的，假如有直线，那也是由无数条曲线转换而成的。他就是忠于曲线建筑设计的西班牙籍建筑师安东尼奥·高迪。

有人说古埃尔公园是巴塞罗那的象征，有人说米拉公寓是巴塞罗那的象征，也有人说神圣家族大教堂是巴塞罗那的象征，其实巴塞罗那真正的象征是安东尼奥·高迪。在联合国世界文化遗产名录中，"高迪"是唯一位列其中的人名。他带着"西班牙最天才的建筑师""巴塞罗那建筑之父"的光环，借助对自然的爱恋、对宗教的狂躁、对上帝的敬畏，在巴塞罗那的天幕下用钢筋混凝土谱写了一曲立体的建筑诗篇。

西班牙著名建筑师安东尼奥·高迪，享有"建筑史上的但丁"之称。高迪出生于西班牙距巴塞罗那不到一百公里的加泰罗尼亚小城雷乌斯的一个普通手艺匠人家庭，他的父亲弗朗西斯科·高迪就是一位本分的铜匠，母亲则是普通家庭妇女，在家辛勤地操持家务。高迪家具有淳朴的家风，为人敦厚善良，是虔诚的教徒，甘于过着简朴、平静甚至略带寂寞的生活。在父亲的影响下，高迪前往巴塞罗那学习之前，曾当过短期铁匠学徒，除此之外还有过木工、锻造和塑模的经历。1869年，年仅17岁的高迪只身前往巴塞罗那追求建筑师的梦想。1873年，高迪经过不懈的努力获得了进入加泰罗尼亚省立建筑学校学习的许可。1878年顺利毕业，并取得建筑师资格证，开启了建筑师的人生。此后至死，高迪基本都在巴塞罗那生活和工作。

生性孤僻、不善于交际的高迪并没有受到大众的喜爱，说不上有谁是特别喜欢他的。可以说，高迪一生都在磨难中苦苦地挣扎着。从小高迪就体弱多病，在有记忆的时候风湿病就如影随形，严重的关节炎使高迪不能像其他小朋友一样过多地在外玩耍，只能一个人在家独处。独处反倒养成了高迪"静观"的习惯，他可以静静地看着一只蜗牛在自己面前爬一天都丝毫不觉得厌烦。独处本来就可以使一个人的想象力变得十分丰富，对于一个懵懂的、缺少伙伴的孩子更是如此。长时间的独处"静观"使高迪不得不把那些时常不易亲近的石头、植物、动物深深刻在脑海中。在寂寞孤独的时候，这些脑海中的记忆都会活跃起来陪高迪玩耍。原本以为家里的日子在高迪顺利进入巴塞罗那建筑学校学习后会好过点儿，但是在高迪入校不久，就接到刚从医学院毕业的大哥不幸去世的噩耗，还没等高迪从悲痛中舒缓过来，从家乡又传来母亲病故的消息。还以为磨难会就此停止，但是谁又能想到年轻的姐姐给家里留下一个年幼的女儿后也撒手人寰了。因生活所迫，年迈的父亲只好带着外孙女搬到巴塞罗那来，与高迪同住。为了全家人的生计，高迪只能一边学习，一边赚钱养家糊口。

高迪并不是一个天才，他不是一个自小就叫人拍手称赞的好孩子，因为家庭、经济、身体等多方面的原因，高迪的学习成绩并不出类拔萃。唯一值得一提的就是他替中学自办的手抄本杂志《滑稽周刊》中的一批插图。但是高迪却是个建筑界天才，早年巴塞罗那若干"奇观"的建造中就有高迪的参与。名义上，高迪只是几个主要建筑师的助手，实际上，交给他设计的几个部分都是由他自己独立完成的，而那时的高迪也只不过是一个学生而已。高迪的毕业设计是为一所大学设计礼堂，方案出来后，引起了轩然大波，虽几经波折，但是因其作品确实具有新意最后还是被通过了。建筑学校的校长多年后还会回想起来这个学生，并感叹道："真不知道我把毕业证书发给了一位天才还是一个疯子！"

　　高迪的成功并非偶然，除了自身坚持不懈的努力外，时代与机遇毫无疑问地成了高迪勇攀高峰的垫脚石。高迪是家里最小的孩子，在家排行第五。用生逢其时这四个字评价高迪的一生一点也不为过。就在高迪出生前不久，国王刚刚签署了全面改建巴塞罗那的诏令，工商界的富豪们纷纷斥资改建巴塞罗那工程。建筑师这个职业在那时显得格外耀眼，人人趋之若鹜。男孩子们都渴望快快长大，建造出奇妙的建筑而扬名天下。时代赐予了安东尼奥·高迪扬名的机会，"贵人"却给予了高迪得到这个机会的权利。1878年对于高迪来说非比寻常。这一年，他不仅顺利毕业并且荣获建筑师的称号，还结识了他人生中的贵人欧塞维奥·古埃尔——高迪的朋友、建筑人生中的保护人和同盟者。古埃尔支持高迪的一切想法，近乎疯狂地给予高迪任何帮助。他既不介意高迪不合群的性格，也忍受得了他那乖张古怪的脾气，因为他深信，站在他面前的高迪就是一位建筑界的天才。他常说："普通人往往没有什么才气，而天才却常常像个疯子。"高迪的构思，在旁人看来可能觉得不可思议，但却使得古埃尔拍手称赞。

　　"只有疯子才会试图去描绘世界上不存在的东西。"这是安东尼奥·高迪在建筑领域遵循的最基本原则。高迪的建筑风格更接近自然，他每一次灵感的闪现必定与自然相关，他从来不挖空心思地去"发明"，只是简单地仿效大自然，像大自然那样去建筑。他用现实去证明自然美并不是刻意的、无实质的美，而是具有实用、功用的美。高迪是用生命来热爱大自然的，他曾高歌："艺术必须出自于大自然，因为大自然已为人们创造出最独特美丽的造形。"他固执地认为在自然界是没有直线存在的，坚信"直线属于人类而曲线才属于上帝"。

　　高迪建筑作品的盛行是在古埃尔把他引入到巴塞罗那的上流社会后。古埃尔给了高迪一个圆梦的机会，而高迪也为古埃尔梦想的实现立下了汗马功劳。1900年，古埃尔心血来潮，突发奇想地决定建造一座远离尘嚣的花园城市"古埃尔公园"，以便满足巴塞罗那上流社会的富人对居住的虚荣心。对所有人来说这都是一件极为宏大且不可能实现的工程，但是对于古埃尔来说却易如反掌。因为古埃尔有一定的经济实力，而高迪则拥有将这笔经济实力转变为现实的能力。为此，古埃尔还特地在巴塞罗那的郊区买了一座山头，而高迪也豪情壮志地为古埃尔公园的明天规划着。

古埃尔公园拥有七座独具特色的大门，它的围墙是用毛石砌成的，不一样的是这种砌成围墙的毛石中镶嵌着一种叫"特雷卡迪斯"的陶瓷，远远望去整

古埃尔公园

个墙体就像瀚海的波浪一样绵延起伏。古埃尔公园得以将高迪自然风的建筑风格发挥得淋漓尽致，在这里高迪成功地将自然与建筑有机结合成了一个整体。园内的每一件建筑装饰都像是被赋予了生命似的，没有丝毫的呆滞。流水、小桥、道路、长椅都是蜿蜒曲折的，好像在漂流一样。就连柱子也都没有一根是笔直的，全部都是天然森林中的树干。整座公园就像一个童话世界，高高地悬挂在空中，像一座巨型的艺术品。

很显然，高迪和古埃尔都不是生意人。虽然，古埃尔公园确实在巴塞罗那上流社会轰动一时，但是古埃尔公园迄今为止只有两位住户，一位是他的持有

米拉公寓

者塞维奥·古埃尔，另一位则是持有者的好朋友兼公园设计者的安东尼奥·高迪。当然，古埃尔公园无人居住的原因并不是公寓费用太高，而是极不便利的交通。就是在科技极其发达的今天，人们想要到达古埃尔公园，除了需要借用两部大型升降梯代步外，还需要走很长一段陡峭的山路。对于只有山羊才能爬上去的"古埃尔公园"，人们只能敬而远之了。

在巴塞罗那的帕塞奥·德格拉西亚大街上，坐落着一幢举世闻名的楼房——米拉公寓。虽然怪异甚至有些荒诞，但却被西班牙人民亲切地称为"石头房子"。它与高迪的另外两件作品合在一起，在1984年被联合国教科文组织评为世界文化遗产。同时，米拉公寓也是高迪认为他建的最好的房子，还被他称作是"用自然主义手法在建筑上体现浪漫主义和反传统精神最有说服力的作品"。但是，它却是高迪少有的未完成的建筑作品之一。米拉公寓是西班牙实业家佩德罗·米拉夫妇邀请高迪为自己建造的公寓住宅，从整个外在造型上看就像是波涛汹涌的海面，仰视整个公寓就像是一层层海浪扑面而来。虽然坐落在拐角处，但是高迪却把它设计成了一件没有棱角的建筑。就像一节缎带从天而降，充满了浪漫主义色彩。

在米拉公寓最初的建设过程中，米拉夫妇对高迪表现出了绝对的信任，许诺给予高迪充分的创作和行动自由。但是在多日不见设计方案并且资金大量消耗的情况下，米拉夫妇心里泛起了嘀咕，开始追问高迪设计图纸。高迪被问急了，从口袋里摸出一张揉得皱巴巴的纸片，冲着米拉说："这就是我的公寓设计方案！"这时，米拉夫妇彻底被高迪的图纸打蒙了。因为矛盾的不断升级，高迪与米拉夫妇不得不终止合作，高迪始终没有完成对米拉公寓的建造。但是它却仍与古埃尔公园、圣家族大教堂一样，成为巴塞罗那的象征。

因为种种历史原因，修建于1906年至1910年的米拉公寓与其设计者一样命途多舛。虽然原本是工业巨子的豪宅，但是曾一度沦落为赌场，还作过补习班和分租公寓。米拉公寓1984年被联合国教科文组织指定为世界文

神圣家族大教堂

化遗产。之后， 1986年由卡沙文化基金会以9亿元高价拍下，又在基金会的主持下整修后，才使其美丽重现。

无论你身在巴塞罗那的哪个角落，只要抬头，就可以看见这个世界上最著名的建筑景点——神圣家族大教堂。神圣家族大教堂简称"圣家堂"，位于西班牙加泰尼罗亚区的巴塞罗那闹市区中心，是巴塞罗那最主要的城市名片之一。同时它也是安东尼奥·高迪一生中最重要最得意的作品，消耗了高迪半生的心血。

神圣家族大教堂是由18座教堂组成的教堂群，建筑风格属典型的哥特式。整个教堂由18座高塔组成，整体造型细长高耸。而这18座塔又通身遍布着百叶窗，塔楼拥有着螺旋形的屋顶，一折一叠地影印出光影重叠的氛围。庞大的建筑因为有细长与光影两种主要因素的存在显得十分轻巧，就像是孩子们在沙滩上堆造起的城堡，民众们也称它作"石头构筑的梦魇"。

其实，建筑神圣家族大教堂是由巴塞罗那书商圣徒约瑟夫崇敬会的创始人朱塞佩·玛丽亚·博卡贝里亚提出的，此想法一经提出就受到了会员的倾囊相

助。刚开始的设计建造是由弗朗西斯科·德比里亚全权负责的，但是因为弗朗西斯科与崇敬会之间的种种矛盾，最后神圣家族大教堂的建造工作由高迪接管。高迪是一位虔诚的基督教徒，从1883年高迪接管这件工程后，就开始了对教堂的内在外在设计进行或大或小的改动，为此他甚至拒绝了别的工作而居住在这座建筑的地下室中，可见他完全是把这座教堂当作了献给上帝的礼物。他还明确地表明教堂的18座塔分别代表着耶稣、四位福音使徒、圣母玛利亚及十二门徒。

从1884年到1899年，高迪对神圣家族大教堂建造亲力亲为，但是仅仅完成了中央的四幢。直到20世纪80年代因西班牙政府的介入，教堂的建造才又开始进行，至今尚未完全竣工。截至2010年8月，大教堂的建设者已经是第五代了，但是由于资金匮乏，工程进展异常缓慢，保守估计整座教堂的竣工最快也会到2050年，但是乐观地估计，2026年全世界观众就能看到教堂的成品。不知道神圣家族大教堂的最后模样是否和高迪预想的一样，因为高迪对整个教堂的设计根本没有留下只言片语。

除了对建筑工作的痴迷外，高迪对生活没有任何需求，也没有任何兴趣爱好。高迪是一个不讲究吃穿的人，他固执地认为吃饭就是一件浪费时间的事情，他也从来不参加聚会。很多时候，高迪吃的比工人还随便、简单，也会时常饿着肚子工作，有时他的学生实在看不下去了就塞几片面包给他充饥。连吃都不在乎的人对穿就更没有过多的要求了，他的穿着更令人惨不忍睹，常常是三年五年天天穿同一套衣服，里面的衬衫又脏又破。有人看着他那副穷酸样，还把他当乞丐施舍，但是对此高迪却并不介意。除了古埃尔外，他没有任何朋友。世界上没有谁会特别喜欢一个常年留着大胡子，摆着一张阴沉沉的脸，还只会说加泰罗尼亚语的人。可是就是这么一个"疯子"却创造了巴塞罗那建筑界的神话。

似乎在这个世界上没有任何一个女人会爱上一个执着工作的男人，尤其是这个男人天生的疯癫乖张。对于自己终身未娶这件事，高迪曾这样说："为避免陷于失望，不应受幻觉的诱惑。"但是，没有人不羡慕爱情的美好曼妙。高迪也有过一段罗曼史，但是那位平凡的姑娘拒绝了成为天才建筑师的夫人，选择了做一位平凡西班牙男人的老婆。

上帝总是用一种特殊的方式来纪念天才的到来与离去。1926年6月10日，是一个值得巴塞罗那居民狂欢的日子，因为这天是庆祝有轨电车通车的日子。可是电车却撞倒了一位衣衫褴褛的老男人，当人们把这个老人送到医院后，老人就去世了。因为无人认领，社会慈善组织只得把老人草草埋葬了。但是一位曾经爱慕过高迪的老太太在偶然间发现这个人就是大名鼎鼎的安东尼奥·高迪。

高迪出殡那天，巴塞罗那万人空巷，几乎全城的人都走出家门来为他送葬、致哀！人们为了更好地怀念他，就把他安葬在了他生前心心念念的还未完工的神圣家族大教堂的地下墓室中，而他也在教堂墓室中静静地观望着后人对巴塞罗那的建造。

安东尼奥·高迪是带着梦长眠的，他以建筑结束了自己的生命。他关闭了一扇窗，却开启了一扇门。也许未来的建筑也会像他的作品一样，纯粹地表达自然，轻软而放松。

路易斯·沙利文（1856—1924）
摩天大楼之父

各种建筑风格都是从人类社会知识和道德力量中诞生的。

——路易斯·沙利文

"摩天大楼"这一为解决土地紧张问题而兴起的建筑，从1931年霸占40年第一高楼位置的帝国大厦，到2004年的台北101大厦，再到现在世界最高大楼迪拜的哈利法塔，我们见证了一个个奇迹的诞生。若要问这些直入云端的建筑从何处产生，就要追溯到美国最早的建筑学派"芝加哥学派"，这个学派是一个围绕着高层建筑而发起的一个集体，路易斯·沙利文就是这一学派里最具国际影响力的建筑家，被视为美国早期高层建筑的精神领袖。

　　路易斯·沙利文，美国最早设计摩天大楼的建筑师之一，被称为"摩天大楼之父"，他的设计影响了整个美国19世纪末和20世纪初的高层结构形式。沙利文突出功能在设计中的地位，那句"形式追随功能"一直影响着后来建筑的发展。沙利文还是弗兰克·赖特的老师，虽然最后两人闹翻了，但弗兰克·赖特能成为美国建筑史上的重要人物，与沙利文的培养是分不开的，赖特也称沙利文为"敬爱的导师"。

　　沙利文出生于1856年9月3日，从小在美国波士顿长大，他的父亲是爱尔兰移民，母亲是瑞士移民。沙利文对建筑的学习并不系统，他一直按照自己的意愿生活。1870年，沙利文进入波士顿英语高等学校学习，后于1872年考上麻省理工学院，这是美国第一个拥有建筑学院的高等院校。但沙利文在这里学了一年后，觉得这个学校教学质量不好，便离开了。通过著名建筑家里查·汉特的介绍，到富耐斯与惠特公司当学徒，这里是沙利文开始学习建筑技术的地方。

1871年，芝加哥发生的那场大火烧毁了市中心大部分地区的建筑，大规模的重建工作迫在眉睫。由于芝加哥是美国重要的工商业中心，为了能最大限度地开发利用土地资源，不得不兴建高层建筑。这个广阔的平台，很快吸引了一大批建筑师蜂拥而至，沙利文也是其中一员。通过一大批建筑师的不懈努力，芝加哥浴火重生，成了世界摩天大楼的发源地。

沙利文来到芝加哥后，在威廉·詹姆斯的事务所打工。虽然对一位建筑师来说能在著名事务所工作是一件很不错的事，但沙利文并不安于现状，他离开事务所，并准备到巴黎美术学院学习。其实这也是沙利文当初从麻省理工学院退学的另一个重要原因，沙利文一直想到被誉为建筑中心阵营的巴黎美术学院学习，在工作中意识到能力的不足，让他更坚定了自己的想法。于是沙利文在1874年辞去了工作后，就开始积极为考取巴黎美术学院做准备。经过艰苦努力的学习，他终于考上了梦寐以求的学校，开始接受正规的学院派建筑教育。这段时间的学习，让他获益匪浅，他曾在写给自己学生的信中说道："正是通过在巴黎美术学院的学习，'形式追随功能'的理念在我脑海中出现，最后自然地发展成熟。"

虽然学校教育给沙利文的建筑带来很大帮助，但最终这个好不容易才考上的学校，也留不住沙利文。在巴黎美术学院学习了两年后，他开始对学校陈旧的教学制度感到不满，于是利用假期开始到意大利的罗马和佛罗伦萨旅行。这次旅行花费了一年时间，他感到自己这一路已经充分掌握了古典建筑的风格和建造技巧，于是就没有回巴黎美术学院继续完成自己的学业。

沙利文于1875年回到芝加哥后，便开始了建筑事业。他于1879年加入了爱德勒建筑事务所，1881年成了这个事务所的合伙人。爱德勒是芝加哥最著名的结构工程师，也是一个出色的管理者，他能很好地与客户洽谈，并擅于解决建筑技术上的问题，而沙利文在建筑设计上很有天赋，他了解古典主义建筑，又对建筑材料和建筑技术充满野心。两人一起合作，抛弃了之前的建筑惯例，基于每个项目的需求设计出方案。最初，事务所只能设计一些住宅和小型商业建筑，建筑材料为铁和砖石，这些建筑大都以六层楼为限。到了后来，随着设计项目逐渐扩大，开始设计一些摩天大楼和剧院。爱德勒和沙利文两人在一起合作了15年，一共设计了一百多栋高层建筑，其中包括芝加哥著名的会堂大楼、温莱特大楼等。

建于1886年的会堂大楼是沙利文早期的成熟作品，也是美国最古老的一座现代化大厦。会堂大楼是事务所承接的第一项大工程，这栋建筑有10层，另外还有一个高17层的附属塔楼，兼作旅馆和办公室，建筑呈U字形，环绕着中间的歌剧院。建筑的外部十分简洁，底部三层使用花岗岩和粗琢石，第四层开始使用光滑的砂岩，内部的装饰却非常华丽，墙面有浅浮雕，在局部采用镀金技术。在细部的装饰没有使用历史符号，而是采用自然纹饰。

沙利文和爱德勒注重建筑的使用功能，他们将建筑旅馆部分餐厅和厨房都安放在房子顶楼，这样做饭产生的油烟就不会影响到周围居民。另外，在剧院设计上，沙利文和爱德勒设计了可以折叠的天花板和屏风，使剧场的空间能根据剧场的人数变动，当剧院在进行音乐演奏时可以容纳2500人，而在举行大型集会时，则可容纳7000人，这样可以使剧场达到最好的音效。虽然这个建筑有很多出色的地方，但与现代建筑依然有很大差别，由于那时还没出现玻璃幕墙，旧式结构用墙来承重，用石料来支撑整个建筑的重量，这也就导致建筑不能建的太高。

会堂大楼有一个特别之处，就是在剧场的第三层没有建造成为社会上流人士服务的包厢，因为在沙利文看来，包厢意味着阶级的腐朽与社会地位的不公平。这份图纸出现后，很快招来了爱德勒的反对，在爱德勒看来，若剧场没有包厢，富人阶层和贵族人士绝对不会光顾这里，会堂大楼的投资商也将赚不到钱。但沙利文坚持自己的看法，甚至说：若要建造包厢，自己将辞去设计师一职。由于沙利文在当时社会的影响力，爱德勒最终只能妥协。沙利文将建造包厢省下来的钱，改善剧场的音效设计。沙利文的思想是崇高的，他追求民主和平等，虽然在当时的社会风气下并不适用，但这一开拓性壮举也对后来的建筑产生了影响。会堂大楼是当时芝加哥最高的建筑，在这座建筑的第16层是沙利文与爱德勒的事务所，现代主义四大师之一的赖特就曾在这里工作了六年。

圣路易市的温莱特大楼是沙利文一生中建造的最重要的摩天大楼，虽然这栋建筑只有10层，但在那时已是全市最高的建筑。在这栋建筑中，沙利文一改之前传统的承重结构，通体采用钢框架，使这栋大楼成为世界上最早

温莱特大楼

的钢铁承力的结构之一。沙利文的设计将钢铁结构与装饰结合起来，这在之前让许多建筑师都束手无策，但更重要的是对高层建筑立面布局的划分，他采用两条横向线把整个建筑分成三个不同的功能区：下部两层是商店，中间采用纵向线条强调是供出租的办公空间，而纵向线条部分也正可以容纳比较复杂的浅浮雕装饰细节，使整个建筑既具有整体感，同时又具有丰富的细节装饰；而顶部采用横向线与中层的办公空间分开，作为建筑的供应、维护、配电、电梯机械的部分。这种用两条横线中间夹着纵向线的方式，成了许多高层建筑的设计模式，也就是被人们称道的"三段式"。在这栋建筑中，窗户的形状也由之前如拱廊般的形状，转变为由柱子分割出的方格状，柱子突出于立面，从二层楼高的石质基础上，一直延伸到大厦十楼的顶端。

沙利文晚年最重要的作品是1899年设计的位于芝加哥的施莱辛格与迈耶百货公司大厦。这栋建筑是对已有建筑的改建，其业主曾在1885年选择爱德

勒和沙利文设计室内装修。沙利文用原有建筑的手法来设计新的建筑，建筑依旧采用"三段式"的处理方式，这栋建筑有一个很鲜明的特点就是"芝加哥式窗"，将大片的玻璃纵向分为三段，中间部分固定，两边可以开启，沙利文对这栋建筑的装饰主要集中在入口的上方。

"形式追随功能"是沙利文的重要建筑思想，他重视建筑的功能，但对于建筑中的装饰也有自己独到的看法。他曾说过："经过仔细思考与和谐处理的具备装饰的建筑，不可能删除其装饰而无损于其个性。过去流行的看法好像装饰是可以随意取舍、可有可无的。我对此不以为然，我认为装饰的有无在设计的最初阶段就必须予以确定。"沙利文在建筑中所用的装饰主要以自然和几何图形为主。他还说："假如我们能有一段时间完全抑制装饰，而集中精力于创造优美而裸露的造型，必将会更加有益于这个世界……无论如何，我们应该知道，装饰是一种精神的奢侈而非必要。当然，装饰的极致和朴素的建筑能取得同样伟大的效果……我们渴望强壮、健康的简洁造型。当然，我们也知道，当我们为建筑物穿上一件具有诗一般具象的外衣时，它就能够提供加倍的能量，这就像优美的旋律掩映在和谐的声音上一样。"沙利文的这种看法，在后来得到了发展，并逐渐形成了极简主义。

沙利文追求建筑中的民主，他认为建筑的自然美必须遵从建筑的功能。在他的著作中有这样的一段对话："我告诉你一条真理，关于对客观事物的主观能动性问题，你看功能和形式所存在的美并不等于原始和自发力量就是美的。"学生说："单纯功能的形式是难看的，是吗？"大师说："对了。"由此可以看出，沙利文的那句"形式追随功能"并非反对建筑中的装饰。

在建筑史上，提到沙利文，人们就会自然而然地想到赖特。赖特是美国最著名的现代主义建筑师之一，他于1888年到沙利文的事务所工作，沙利文的建筑理念对赖特影响很大，赖特将他视为恩师，但最终两人的关系走向破裂，沙利文对赖特影响最大的应该就是他对大自然的运用，从而造就了赖特这个"自然之子"。

1893年，在芝加哥举行的哥伦比亚国际展览会上，沙利文与爱德勒设计的

"交通运输馆"体现了自己对于古典建筑的理解，在建筑的色彩和布局上有自己独到的见解。而在博览会展出的其他建筑，多为纯白色，除了复兴古典风格以外，没有其他的突破可言。因而沙利文的设计在展览会上十分抢眼，受到许多欧洲参观者的欢迎，但在国内，这类建筑的接受度并不高。

1895年，爱德勒接受了克兰电梯公司提供的工程咨询师的职位，离开事务所。据说爱德勒离开的原因是沙利文拒绝让爱德勒的两个儿子进入公司。之后，沙利文开始独立的建筑设计生涯。沙利文之前与爱德勒一起合作时，他只管去发挥自己的设计才华，与人打交道的事情就交给爱德勒。但后来爱德勒离开事务所，沙利文不得不自己去参与所有的事，他个性倔强，很难与人相处融洽，他能拿到的项目也越来越少。为了维持生计，沙利文不得不卖掉自己的图书馆。比他小20岁的妻子玛格丽特·阿桑娜·哈顿巴夫因无法忍受困窘的生活和嗜酒成性的丈夫，便离他而去。这位现代主义建筑的先驱人物，一生设计了上百栋大楼，最终却在一个小旅馆内孤独地度过余生。

弗兰克·劳埃德·赖特（1867—1959）
自然之子

可塑性是对大师们有魔力的字眼，任何形式应该适合于设计预想的目的。

——弗兰克·劳埃德·赖特

永和九年三月初，王羲之于崇山峻岭、茂林修竹的会稽山阴，留下了千古名篇《兰亭序》。在西方也有这样一位建筑师，寄情于山水之间，于激湍的清流之上，建起的流水别墅，成为建筑史上的经典。这位建筑师就是弗兰克·劳埃德·赖特，他崇尚自然，在设计中，以自然为根基，追求天人合一的至高境界。

弗兰克·赖特是美国现代主义建筑中最具代表意义的先驱人物，与格罗皮乌斯、密斯·凡德·罗和勒·柯布西耶并称为现代主义建筑的四位大师。赖特活到91岁，让他有足够时间创作更多的作品。赖特出版了几十部建筑著作及论文集，设计了800余座建筑，建成的近380处建筑大部分在美国。赖特经历了现代主义建筑发展的重要阶段，包括美国的"工艺美术运动""新艺术运动""装饰运动""现代主义运动"，赖特提出了"有机建筑"理论，他认为建筑应该融入自然。

赖特于1867年6月8日出生在美国中西部威斯康星州的里查兰。赖特的父亲是一个乡村乐师和牧师，还当过律师，他在50岁时，娶了比自己小20岁的老婆，他们在婚后有三个孩子，赖特是长子。赖特在11岁之前一直跟着家里在六个城市之间过着流浪生活。赖特的父亲是个沉默寡言的人，总被妻子埋怨成天无所事事也不养家糊口。在赖特15岁那年，他的父亲抛妻弃子，离开了这个家庭，赖特从此之后再也没见到过父亲。

赖特小时候被送到叔父家，叔父家有个农场，每年夏天赖特都要花很多时间从事繁重的农活。他在这里更全面地认识了大自然，把自然当成是人类的老师。赖特的母亲是一位中学教师，她是一个坚强的人，在丈夫离开之后一手撑起了这个家。因为没有了父亲，赖特的母亲在他的成长道路上倾注了大量的心血，于1885年把他送到威斯康星大学土木系学习土木工程。懂事的赖特也想分担母亲的负担，决定出去赚钱，因为对建筑感兴趣，就在麦迪逊建筑部门找了个差事，这样他一边学习，一边工作。

赖特在威斯康星大学麦迪逊校区学习两年后中途辍学，这时赖特还不满16岁，便独自一人于1887年到芝加哥寻找工作机会。母亲很支持他这个做法，还在他外衣口袋里缝上一颗小纽扣做纪念。他到了芝加哥之后，想要加入西斯比事务所工作，当时事务所正好有一个设计别墅的案子，便给赖特一次试做的机会，看看赖特水平如何，结果让西斯比很满意。西斯比是一个杰出的建筑速写家，他对赖特以后的建筑预想图设计起到决定性的影响。

后来赖特从西斯比事务所离开，设法进入到了当时世界上最著名的高层建筑大师沙利文的事务所。赖特因为有一手好的建筑表现技巧，成为一名绘图员。他于1893年离开沙利文，开设了自己的事务所。之前在沙利文事务所时，他就开始为顾客设计建筑，但那些建筑并不能让自己满意，它们与广阔无垠的中西部环境格格不入。赖特就去做一些新的尝试，设计一些横向延伸的住宅，也就由此开始，为之后"草原住宅"的形成打下了基础。

在1900年前后，"草原住宅"进入了成熟阶段。"草原住宅"的特点是具有与自然融合的倾向，建筑横向延伸，大横向的窗墙和日本式的出挑的大屋檐屋顶，有着平行于大地的层次感。这种建筑受到了美国社会的认可，来请赖特设计房屋的人络绎不绝，在1900年到1910年间，赖特一共设计了50多栋"草原住宅"。

赖特这时在建筑中发现用钢丝束混凝土，这样的构成不只能做直角的方盒子，还能制作出各种结构。他曾说过："混凝土是可塑性材料，我见到了它的波动，我见到了内含钢筋的壳体，光滑而坚硬！编织一张钢筋蜘蛛网加上可塑性的混凝土是便宜的。"钢丝和混凝土这两种材料的结合，不只廉价，而且实用价值很高，"钢丝束抵抗张力，混凝土抵抗压力，两者一起能抵抗任何应力"。

赖特与日本有很深的渊源，他曾于1905年以游客的身份前往日本并迷恋上了浮世绘等日本本土艺术。1913年赖特与一个有夫之妇私奔，受到社会舆论的谴责，两人决定暂时出去躲一躲，便再次前往日本，对日本的文化、建筑、艺术有了深刻的认识。赖特曾写道："日本人把大小事情都做得优美和清爽，如果我学过日本绘画，我的设计不知要走向什么方向，只要把日本绘画精神引进到我的建筑设计中，就无须做多余的宣讲了。"1916年2月，东京饭店的负责人到美国威斯康星州塔里埃森的家中去拜访赖特，同年11月份，正式确定由赖特来设计帝国饭店。

日本帝国饭店建于1915年至1922年，在1967年拆毁。由于日本是地震多发的国家，赖特在设计建筑的时候，不得不考虑到这个问题。整个建筑平铺在松软的土地上，找不到坚实的地基，为了保障建筑在地震时下层不破裂，赖特就将建筑划分成很多小块，分开处理。各部分之间也有许多"沉降缝"的断面设计，"断开的部分一般为60英尺见方，取合适的大小，地震时分块裂开"。每一部分是独立存在的，如果有不均沉降的话，能减少建筑的应力集中。许多人对这样的建筑存有疑惑，思考这样做是否可行，赖特反问道："建筑为什么不能像一个招待员在中心托着盘子那样平衡着重量？"至于这样的结构是否实用，一场地震，给了人们最直接的答案。

赖特在设计帝国饭店时大量使用木结构，因为木结构有一定调整应力的能力，在受到挤压时，产生一定的变形，过后能恢复原状。因此他将上千根木桩打入地下，支撑起整个建筑。赖特在建筑的顶部采用青铜装饰，这样能减轻混凝土和石块造成的负荷。建筑中可见大大小小的池塘，一方面为了营造特定的氛围，另一方面在地震、失火时可以派上用场。帝国饭店内部装饰大量取材于美国印第安主题，使建筑富有古典的美感。

1923年日本关东大地震，整个城市的建筑都受到了毁灭性打击，唯有帝国饭店屹立不倒，它也成了一个避难所。地震过后赖特接到了一封署名电报，上面写道："由于您的天才，帝国饭店像纪念碑似的站立着没有损坏，由于您完善的设计贡献，保全了上百人的生命家园。"这个建筑也让赖特在亚洲声名大振。

赖特是一位备受世界瞩目的建筑大师，却并非一个出色的建筑教育家。他创建了自己的两所学校，一个建立于1932年10月1日，在威斯康星州的塔里埃森，另一个是在1933年建立的，在亚利桑那州的西部塔里埃森。赖特的教学方式较为专制，学生必须遵循他的方法设计，个人的发展空间很小，从他的学校里几乎没有出现大师，赖特的学校在建筑史上也是籍籍无名。而格罗皮乌斯的包豪斯学院，在建筑史上鼎鼎大名，格罗皮乌斯重视启发学生，要不断地提出问题并去解决，他的学生中出现了许多著名的建筑大师，如布鲁尔、贝聿铭等。

赖特的建筑与包豪斯的建筑截然不同，包豪斯的目的是让建筑使用于大范围的人群，为劳苦大众服务，而赖特设计的草原式住宅是昂贵的，仅仅是服务一些有钱的人。他从业70余年，在这漫长的建筑生涯里，在他设计的众多建筑中，最具代表性的便是他的流水别墅和纽约古根海姆博物馆。

流水别墅坐落于美国宾夕法尼亚州西南部的工业城市匹兹堡市新区的熊跑溪畔，这里是树木繁茂、山石嶙峋、溪水畅流的幽静峡谷。美国匹兹堡的百货大亨考夫曼于20世纪30年代买下这块地，当时这位大亨的儿子正在赖特创办的塔里埃森学校学习建筑，于是在小卡夫曼的引荐下，赖特便开始在此处设计别墅。考夫曼是希望建筑能正对着瀑布，这样足不出户便可观看"飞流直下三千尺"的美感，可赖特却道出了自己的观点："我希望您伴着瀑布生活，而不是观赏它。它应使瀑布变成您生活中不可分割的部分。"考夫曼被赖特的这一建议所打动，于是便有了我们今天看到的伟大建筑。

能在这片静谧的峡谷中设计建筑，让向来热爱自然的赖特欣喜若狂。他开始细致地勘测地形，并对直径为15厘米以上的树木，包括较大的山石都做了明显标记。建成的流水别墅与自然融为一体，整个别墅有三分之一的部分为挑出

流水别墅

的层层露台，悬于瀑布之上，平台在水平方向上延伸，高低错落。这个建筑分为三层，底层有起居室、餐厅、厨房，通过阶梯可以到达溪流水面，二层是三间卧室和一个半室外的宽廊，三层是局部高起的小间，可以作为画室来用。

由于建筑处在山林之间，多少会受到树木的影响，赖特遇到这种情况并不是一味地将树木砍掉，而是将大自然的东西融入。在建筑的西北角，可以看到两棵大树穿过平台，成了建筑的一部分。

据说这份流水别墅的草图绘制有很大的戏剧性。赖特在第一次现场地形勘测后一直都没绘制出草图，直到9个月后的一个清晨，赖特接到了业主的电话，业主说准备前来看草图，赖特这才开始动笔。他一点都不慌张。估算着业主差不多有两个小时就到了，于是气定神闲地拿出三张绘图纸，一张画地下室，一张画一层的平面，还有一张画二层的平面，并画上了剖面、立面，等到业主到时，图纸已经绘制好了。

流水别墅居于山水之间，远离城市的喧嚣，考夫曼夫妇在这里隐居了25年

纽约古根海姆博物馆

之久，直到赖特逝世，这栋别墅才被公之于世。1963年，也就是在赖特去世后的第四年，考夫曼家族将它捐给宾夕法尼亚州政府，捐赠时说："流水别墅的美依然像它所配合的自然那样新鲜，它曾是一所绝妙的栖身之处，但又不仅如此。它是一件艺术品，超越了一般含义，住宅和基地在一起构成了一个人类所希望的与自然结合、对等和融合的形象。这是一件人类为自身所做的作品，不是一个人为另一个人所作的，由于这样一种强烈的含义，它是一笔公众的财富，而不是私人拥有的珍品。"

　　纽约古根海姆博物馆，全称所罗门·R·古根海姆博物馆，是古根海姆博物馆群的总部。博物馆分为两个部分，一部分是四层的行政办公楼，另一部分是六层的陈列厅。陈列厅是一栋白色的螺旋形建筑，像是一个底部圈小、顶部圈大的弹簧。中间是敞开的空间，顶部是向上微微凸起的花瓣形玻璃窗，以便于建筑内部的采光。展厅内以倾斜的坡道作为展览的廊道，廊道盘旋上升，展出的绘画作品就挂在螺旋上升的墙壁上。参观者首先乘坐电梯到达顶层，然后顺着坡道盘旋而下，在行走中慢慢欣赏画作，这样走路也不会觉得太累，参观路线总长430米，但你从坡道上走下来时，展品也就看完了，不用担心没去到哪个展厅，或者漏掉了哪幅作品，有些展品为了更全面的展示，甚至会悬挂在空中。曾有杂志这样介绍古根海姆博物馆，认为"它是绘画的精美画框"。

赖特在建筑方面取得的成就是大家有目共睹的，但混乱的感情生活，对他的建筑事业带来了很大的负面影响。赖特于1889年娶卡瑟琳·托宾为妻，并生了6个孩子，由于孩子太多，分散了妻子的注意力，赖特经常出去拈花惹草，这让他赢得了花花公子的名声。后来在1903年赖特在为邻居设计住宅时，遇上了邻居的妻子梅玛·切尼，切尼是一个女权主义者，赖特认为只有这样的女性才能与自己相匹配，于是两人很快坠入爱河。1909年，赖特和切尼抛弃自己的家庭，开始私奔。这件事情在社会上引起了轩然大波，就连报纸上都开始谴责他，请他设计的人也变少了。赖特不得已只能暂时躲避风头，于1909年前往欧洲和日本旅行，出发之前在家乡威斯康星州的普林格林设计并建造自己的新住宅"塔里埃森"。"塔里埃森"是威尔士神话里一个人的名字。

"塔里埃森"建成后可谓是命途多舛，前前后后经历了两次火灾。1911年，赖特旅行结束回到家乡，并与情人切尼居住在已经建好的塔里埃森。他们这份爱情是不被祝福的，一个佣人在塔里埃森住宅纵火，后自杀未成，饿死在监狱。赖特在自传中回忆起这次惨剧："一天我和我的儿子约翰一起安静地坐在一个新完成的酒吧吃着午餐，突然由塔里埃森来了长途电话，说我的家中发生了悲剧，房子中的一个仆人突然狂暴地杀死了住宅中的7个人，而后放火烧了房子，切尼和她的两个孩子全死了，还死了4个学徒和工人。房子的大部分毁灭了，只留下了工作空间。"他后来写道："我还来不及思考何处应该是埋葬她的墓地和墓碑，我为爱情的自由奋斗全部完结了。为什么总是忘不了这个凄惨的结局？在美丽的山边留下的被火烧黑的污迹，永远伴随在我的生活之中。"

这份感情以这样的方式结束，此时沉浸在悲痛中的赖特并没有得到人们的同情，有人认为他和有夫之妇私奔是罪有应得。赖特说："我的名字经常出现

西塔里埃森住宅

在罪恶的报章上，从各地有上百封信，我把它们捆在一起不去阅读就抛入火中烧掉。我要去工作，但生活中的苦涩滋味永远没有消失。"赖特受到了很多谴责，但女雕塑家米里亚姆·诺埃尔写信给赖特，在赖特感情最脆弱的时候给予关怀。

赖特之后开始重新建造住宅，但重建起来的住宅于1920年再一次失火，这次失火也将赖特多年收集的藏品和工作记录烧毁。赖特写道："又一次烦恼的打击，人群站在山顶上面对着升起的火焰围观。"过后，赖特并没有放弃这个伤心之地另寻他处，而是再次将它重建，并与米里亚姆·诺埃尔同居，开始新的生活。1961年，赖特和诺埃尔前往日本，并在那里工作，生活了5年之久。最终应赖特的请求，他的第一任妻子终于同意与他离婚，诺埃尔终于可以同赖特结婚了。但诺埃尔的健康日趋恶化，几年后，死在疗养院。赖特在与诺埃尔分居期间又遇见了一位贵族蒙坦尼戈兰家族的女儿奥尔加·拉丝维奇，她和赖特有过一段感情，后来两人结婚了。

赖特总是觉得自己高人一等，当他的作品在博物馆与格罗皮乌斯、密斯、勒·柯布西耶的作品放在一块时，自傲的赖特十分不满。他对摩登艺术博物馆的组织者亨利·鲁斯尔反复强调自己在建筑界的地位，他说："我警告亨利·鲁斯尔，我现在不仅是还活着的最伟大的建筑师，也是历史中永远伟大的，我应该成为世界上最伟大的建筑师。"他与一些现代大师的关系甚至到了水火不容的地步。

《美国建筑百科全书》中这样写道："必须承认赖特是他那个时代或许也是任何时代最有创造力的建筑师之一。他极不寻常的生活和哲学说明他是有诗意的幻想家和艺术家，是注重实效的工程师，自由思想的个性主义者，是一位改革者和传播福音的教士。……他所偏爱的表达工具是建筑。"他不仅设计了极具个人风格的作品，还影响了整个时代的建筑进程。

沃尔特·格罗皮乌斯（1883—1969）
包豪斯之父

> 新的结构技术的杰出成果之一，就是取消了墙的独立的功能作用。
>
> ——沃尔特·格罗皮乌斯

格罗皮乌斯是现代主义建筑的四大师之一，同时也是一位出色的建筑教育家。他建立了世界上第一所以设计为主的学校，名为包豪斯。格罗皮乌斯作为包豪斯的创始人及学校的第一位校长，他被誉为"包豪斯之父"。

沃尔特·格罗皮乌斯于1883年5月18日出生于德国柏林的一个建筑师家庭，他的叔祖父是一个建筑家，曾设计过柏林工艺美术馆，并且是这个博物馆所属工艺美术学校的校长，父亲也是建筑家，祖父是知名画家。格罗皮乌斯自小就受到过良好教育，由于家庭环境熏陶，或者是不可捉摸的血缘影响，他对建筑有着很深的感情，因此潜心学习建筑。格罗皮乌斯1903年至1904年在慕尼黑技术工业专科学院学习建筑，1905年至1907年转到柏林夏洛滕堡学校深造建筑学，由于其聪明过人，仅用5个学期就完成了全部功课。

1907年至1910年格罗皮乌斯在柏林建筑师彼得·贝伦斯的建筑事务所任职，现代主义四大师中的三位（密斯、柯布西耶与格罗皮乌斯）都出自这里。彼得·贝伦斯是当时德国电气公司的设计负责人，杜塞尔多夫艺术和工艺学校的校长，并且是德意志"工作同盟"的成立者之一。他的功能主义思想与对建筑细部的严谨，让这几位未来的大师都深受启发。格罗皮乌斯后来说："贝伦斯第一个引导我系统地合乎逻辑地综合处理建筑问题。在我积极参加贝伦斯的重要工作任务中，在同他以及德意志制造联盟的主要成员的讨论中，我坚信这样一种看法：在建筑表现中不能抹杀现代建筑技术，建筑表现要应用前所未有的形象。"1910年格罗皮乌斯离开贝伦斯事务所，与阿道夫·梅耶合作，在柏林开办了自己的设计事务所。

张爱玲说过一句话：出名要趁早。这句话用到格罗皮乌斯身上是再合适不过了。他28岁时就因为设计了一个工厂一举成名，被后世铭记。这个工厂就是被誉为欧洲第一幢真正意义上"现代建筑"的德国法古斯鞋楦厂，它是现代建筑与工业设计发展的里程碑。2011年6月25日，由格罗皮乌斯设计的德国法古斯鞋楦厂在建成一百年时，于法国巴黎召开的第35届世界遗产大会上，以世界第一座玻璃幕墙建筑，被联合国教科文组织列为世界文化遗产，法古斯鞋楦厂与巴黎的凡尔赛宫一样享受世界文化遗产的特殊保护。

法古斯鞋楦厂1910年由格罗皮乌斯与阿道夫·迈耶开始共同设计，在这个建筑中开拓性地采用了钢结构和平板玻璃为建筑材料。法古斯鞋楦厂建造于1911年5月，它位于下萨克森州莱纳河畔的阿尔费尔德。工厂是由10座建筑物组成的建筑群，建筑中大片玻璃立面的墙壁，一改之前工厂封闭的工作环境，"为德国劳动阶级提供至少六小时的日照"。新的设计让整个建筑都变得轻盈，用钢架和玻璃取消了建筑立面转角处的支柱，充分发挥了钢筋混凝土楼板的悬挑性能，展现出了建筑革命性的面貌。

卡尔·本施奈特是法古斯鞋楦厂的创始人，一个白手起家的创业者，相当有头脑。他独具慧眼地相中格罗皮乌斯，让他来设计这个工厂，一方面是看重了格罗皮乌斯的建筑理念从美学和功能主义的角度对劳动世界进行的一番改造，另一方面，也是相当重要的一方面，就是看到了格罗皮乌斯的玻璃幕墙。这个工厂设在汉诺威与卡塞尔两地之间的铁路沿线，卡尔·本施奈特认为"这样一座样板式的建筑本身也不失为一种很好的广告"，它能让人们眼前一亮。

法古斯鞋楦厂

法古斯鞋楦厂抛弃了传统意义上的周边围合式的布局，采用了行列式布局形式，用房的高度来决定它们之间的位置和合理间距，这样可以保障建筑的采光与通风。整个工厂的建造花费了很长时间。由于资金困难，与最初设计相比，建造规模减小，设施也不够完善。后由于生产的各功能需求将厂房进行扩建，第一次世界大战的爆发使扩建的进程缓慢。直到1925年，法古斯鞋楦厂才最终建成。建筑按照制鞋工业的功能需求设计了各级生产区、仓储区以及鞋楦发送区，兼顾着生产鞋楦过程的每一道工序、储存与派送，时至今日依旧能够维持运作。整个工厂包括研发、生产、管理、办公及配套的服务等功能。后来格罗皮乌斯于1919年成立了包豪斯学校，又与学校的师生一起为法古斯鞋楦厂设计了家具、工业制品等。

1914年格罗皮乌斯设计了科隆的"德意志工作同盟"大楼，大楼整体讲究均衡对称，依旧以功能决定形式为基本原则，运用钢筋混凝土和玻璃为主要建筑材料。在建筑两端，采用玻璃幕墙结构将楼梯包裹在内，从外面能看到螺旋形的楼梯与上下楼梯的人，同时使建筑拥有足够的采光与透明度，这样的做法在现代的百货大楼以及公共建筑中极为常见。

法古斯鞋楦厂和科隆的"德意志工作同盟"大楼使格罗皮乌斯名声大起，为他今后的事业发展提供了强大助力。格罗皮乌斯关注社会问题，从他在建筑领域的成就来看，他先是重要的建筑教育家、建筑思想家、建筑理论家，然后才是建筑师。

相较于密斯在寻求由繁复到极简、不计成本地去追求形式美感，格罗皮乌斯的设计多考虑居住价值，并尽可能地压缩成本，以求更好地为广大人民群众服务。格罗皮乌斯曾在1911年说过："要为劳动者建造宫殿，让劳动者在其中感受到一种来自共同理想的价值感。"他考虑到若是建筑的造价太高，贫困大众将无法接受，所以大量地采用预制构件，运用拼接的方式，大批量地生产廉价房屋，人人都能享受到设计。格罗皮乌斯认为建筑的美不在装饰，而在比例、均衡与细节，他要做的是"把灵魂吹入死气沉沉的机械产品躯体之中"。在德国的时候如此，之后到了美国，他的民主思想依旧不变，依旧试图为劳动者提供基本住房。

人是善变的动物，这种变化的诱导因素可大可小。战争这个足以摧毁一切的大型运动，置身其中的格罗皮乌斯也逃脱不了，一战可以说是格罗皮乌斯整个建筑思想和价值观的一个转折。佛兰克·怀特佛德在其著作《包豪斯》中说：包豪斯时期的格罗皮乌斯与战前的格罗皮乌斯判若两人。

一战前的格罗皮乌斯崇尚机器，如柯布一样，认为飞机和汽车将会改变整个时代。不过幸运的柯布因为居住在瑞士没有亲历过战场的残酷，格罗皮乌斯却应召入伍，亲眼看到了战争所带来的屠杀和机器在战场上巨大的毁灭力量。格罗皮乌斯作为一名德国西线的骑兵上尉，在战场上几乎重伤致死，由此改变了战前他对于机器的浪漫主义态度，思想明显地转向同情左翼，成为具有社会主义立场的新人。他认为德国只有经过彻底革命才能找到前途，因此想通过教育来改变德国，实现理想中的乌托邦。这似乎与鲁迅先生的弃医从文有异曲同工之妙。

1915年10月10日，格罗皮乌斯在给朋友的一封信中提到关于自己创建设计学

包豪斯校舍

院的设想。他这样写道:"我心目中所憧憬的学校是一个完整的教学机构,虽然在起步时规模应该很小,而且也必须与现存的美术学院在行政与技术方面共同合作,但是,从一个艺术家的观点来说,它必须保持独立地位。如果想顺利地开展工作,我必须有权在基本观点上发展我自己的构想——行动的自由是一个最基本的条件。"

战后的德国百废待兴,这时花费资金建造医院或者住宅,远比建造学校来得实在。格罗皮乌斯为了达成建校的愿望,他指出建立学校可以让艺术家、工业企业家和技术人员共同合作,设计的物品能够囊括生活的各个领域,这将给德国的工业和手工业带来巨大利益。针对格罗皮乌斯提出的方案,加上设计战前的两个建筑所带来的声誉,魏玛政府被打动了,历史上大名鼎鼎的包豪斯学院就在这种情况下开始了它短暂而辉煌的进程。

包豪斯是世界上第一所完全为发展设计教育而建立的学校,是如今世界现代主义建筑设计的发源地。包豪斯的德文全名为" Des Staatliches Bauhaus",即"国立包豪斯",包豪斯这个名字是格罗皮乌斯生造的词,德文即"建筑"和"房子"的意思。包豪斯学院由原撒克逊大公美术学院和国家工艺美术学院合并。1919年4月1

日，包豪斯正式开学，同一天由格罗皮乌斯亲自拟定的《包豪斯宣言》发表：

完整的建筑物是视觉艺术的最终目的。艺术家最崇高的职责是美化建筑。今天，他们各自孤立地存在着，只有通过自觉，并且和所有工艺技术人员合作才能达到自救的目的。建筑家、画家和雕塑家必须重新认识：一栋建筑是各种美观的共同组合的实体。只有这样，他们的作品才能灌注进艺术精神，以免流为"沙龙艺术"。

建筑家、雕塑家和画家们，我们应该转向应用艺术。

艺术不是一门专门职业，艺术家与工艺技术人员之间并没有根本上的区别。艺术家只是一个得意忘形的工艺技师，在灵感出现、并且超出个人意志的那个珍贵的瞬间片刻，上帝的恩赐使他的作品变成艺术的花朵。然而，工艺技师的熟练对于每一个艺术家来说都是不可缺乏的。真正的创造想象力的源泉就是建立在这个基础之上。

让我们建立一个新的艺术家组织，在这个组织里面，绝对不存在使得工艺技师与艺术家之间树起自大障碍的职业阶级观念。同时，让我们创造出一栋将建筑、雕塑和绘画结合成为三位一体的新的未来的殿堂，并且用千百万艺术工作者的双手将它耸立在云霞高处，变成一种新的信念的鲜明标志。

格罗皮乌斯还在出版的著作《新建筑与包豪斯》中提到："各行各业的人士都要发奋努力，共同肩负起在'现实'与'理想主义'的鸿沟之间建立起一座桥梁的神圣使命。我们这一代建筑师的艰巨任务使我从迷梦中觉醒，我发现，除非我们创立一所可以给予国家工业以巨大影响的新设计学院，而且在权威性的宗旨方面获得成功，否则，一个建筑师是无法实现他的理想的。同时，我也发现，为了实现这个计划，必须取得全体教职员的充分合作。"从中我们可以窥探到格罗皮乌斯的教学理念和教学目的，他提倡集体主义的教学精神，让雕塑家、画家、建筑家一起投身应用艺术。他认为艺术家更应该去参与到工业化的生产过程中，工业家也应该意识到艺术在工业生产中的价值。为了达到这一目的，他对学校的课程做出一些安排，提出开设"实际操作技术"的课程，还让学生到工厂实习。

包豪斯的发展分为三个历史时期：魏玛时期（1919—1924）、德绍时期（1925—1930）和柏林时期（1931—1933）。1996年魏玛和德绍的包豪斯建筑被列入世界文化遗产名录之后，2004年教科文组织又将以色列特拉维夫市中心的约有4000多座包豪斯建筑的成片建筑列入名录，从这足以看出包豪斯在整个建筑史上的重要地位。

德绍的包豪斯校舍是格罗皮乌斯亲自设计的，于1925年动工，次年建成。包豪斯校舍沿袭了法古斯鞋楦厂的设计理念，应用玻璃和钢结构，整体设计不讲究对称。建筑总面积占地近一万平方米。与普通建筑先决定建

包豪斯车间

筑的外表再决定内部的功能不同，格罗皮乌斯先考虑的是建筑物的内部功能，然后才确定建筑物的位置与外部设计。学校的教室楼、实验工厂均为四层，两者之间是行政办公用房和图书馆，学生宿舍是一座六层楼，通过一个两层的食堂兼礼堂，同实验工厂相连。大面积的玻璃幕墙，简约的建筑形式，是包豪斯建筑最突出的特点。我们现在所看到的许多学校建筑依旧是包豪斯风格。

包豪斯并非我们所理解的传统意义上的学校，更像是传统意义上的大作坊。在这里师生以"师傅"和"徒弟"相称，强调传统手工艺。学校尝试采用双轨制的教学模式，即教授艺术形式、色彩、绘画的"形式导师"与传授技术、手工艺、材料的"技术导师"同时授课。刚开始的时候格罗皮乌斯只聘请了三名教师，分别是美国画家利奥尼·费宁格、瑞士画家约翰·伊登、德国雕刻家格哈德·马可斯。直到后来艺术家先后被包豪斯的艺术精神吸引，或者被

格罗皮乌斯聘请来到这里，其中就包括俄国表现主义画家瓦西里·康定斯基。

学校明确了艺术与技术新的统一，到了1923年，德国工业发展迅速，为了适应时代的发展，作坊与工业界紧密相连，逐步从浪漫主义走向了理性发展的道路。包豪斯学校的建筑思想与建筑风格在纳粹看来是不能容忍的，于是在侵入包豪斯校舍之后，毁坏学校的设施，甚至想将整个学校炸平，不过因为这个建筑太出名才作罢。包豪斯的最后一任校长密斯做了无数的努力，也没能阻挡整个政治的洪流。这个现代主义建筑的源头——包豪斯学院，最终在纳粹的强压下关闭。格罗皮乌斯将设想变为现实，对这个学校投入了大量的心血，看着它如婴儿般出生，慢慢成长，又看着它 不幸夭折。

格罗皮乌斯说过："包豪斯不仅仅是一座有明确纲领的学校，它更是一种理念。"

包豪斯的建筑如今看来早已泛滥，一个个城市的建立，都无法脱离几何方块、玻璃幕墙、平顶房屋，追求功能与效益。我们一边感慨包豪斯的伟大壮举，另一方面又不禁担忧，在全球都存在的几何方块中，我们从何处去追寻那些民族深层文化在建筑中体现出的差异？

格罗皮乌斯对于纳粹有很多不满，他离开德国到达意大利，又由意大利到达英国，在1937年以政治难民的身份移民到美国。虽说德国容不下他，但作为现代建筑的奠基人，凭借他的建筑、包豪斯的名声以及出版的刊物，被公认为世界最杰出的建筑家、建筑教育家、建筑思想家，这让格罗皮乌斯在美国获得了前所未有的声誉。

1938年格罗皮乌斯被哈佛大学聘为教授，后又担任建筑系主任，他在美国扎下了根基，后来轻而易举地由建筑系主任变为建筑学院院长。作为美国的最高学府，格罗皮乌斯在哈佛大学的教育改革影响深远，至1952年退休，他在学校的14年间，将在包豪斯的教学系统完整地应用于哈佛大学。格罗皮乌斯教育出了影响现代教育的一大批人才，我们现在所熟知的华裔建筑师贝聿铭就出自他的门下。当然他也提出过一些过激的理念，譬如学校应该废除建筑史的课程。

任教期间，格罗皮乌斯一直认为理论不能离开实践。他在1945年与几个优秀的毕业生开了一家建筑设计事务所TAC（协和建筑设计事务所），由于他的名气，项目接踵而来，其中比较重要的就是哈佛大学研究生院综合大楼。

现代艺术博物馆为格罗皮乌斯举办了关于包豪斯的展览，展览结束后，博物馆建筑部主任菲利普·约翰逊深受触动，已34岁的他毅然决然地辞职，并欣然到哈佛学习格罗皮乌斯的新建筑，成了贝聿铭的学长。

包豪斯关闭后，学校的老师和学生如同被纳粹这股风吹散的蒲公英，飞往欧洲各国，再次扎根。他们将现代主义建筑带到了更多的地方。包豪斯的老师拉兹洛·莫霍利·纳吉在芝加哥创立了"新包豪斯"，后来成了芝加哥艺术学院，密斯成了伊利诺伊工学院的建筑系主任，阿尔帕斯先在北卡罗来纳州黑山大学之后在耶鲁大学任教。1905年包豪斯的毕业生马克斯·比尔组建了"乌尔姆设计学院"。而格罗皮乌斯成了哈佛大学的建筑学院院长。这对于想要将包豪斯封杀的纳粹来说无疑是最大的讽刺，正是因为这股强风，包豪斯在世界上才会有今天的影响力。

1969年7月5日，格罗皮乌斯逝世于美国波士顿，这位20世纪著名的建筑师对建筑界的影响不可估量。

路德维希·密斯·凡·德·罗（1886—1969）
我不想很精彩，只想更好

我不要利益，我要的是真实的美！

——路德维希·密斯·凡·德·罗

现代化城市中最能彰显时代特色的建筑，我们无疑会想到高高耸立着的摩天大楼，钢质构造的框架中镶嵌着染色玻璃，在太阳光下独有的质感带来透亮与灵动。然而这些建筑虽然看似离我们如此之近，我们却并不清楚，它来自何处，源自谁手？从古典主义的繁复因循，到极简主义的开宗立派，在这条原有的建筑大道上，是谁引领后人走出了一条岔路？从"流动空间"的虚实相济，到"全面空间"的有无相生，在那纷杂混乱的岁月里，又是谁找寻着建筑世界的秩序与纯净？

路德维希·密斯·凡·德·罗，作为20世纪中期世界上最伟大的四位现代主义建筑大师之一，他与赖特、勒·柯布西耶、格罗皮乌斯齐名，被称为"钢铁和玻璃结构之父"，开辟了极简主义的先河，影响至今。

密斯原名玛丽亚·路德维希·密夏埃尔·密斯，不知这位大师是否预料到自己将会成名，在创办了自己的工作室之后，去掉了名字中平凡的玛丽亚和密夏埃尔，加上略带贵族色彩又与母亲姓氏相似的凡·德·罗。因此变成了路德维希·密斯·凡·德·罗，现在一般简称密斯。

密斯于1886年3月27日出生在德国亚琛，亚琛是德国的西陲重镇，曾出过查理曼大帝这样的名人，密斯被认为是继查理曼大帝之后最伟大的亚琛人。查理曼大帝我们都知道，但好比下蛋的鸡没人会去研究它的鸡冠大小一样，扑克牌里"红桃K"上是以查理曼大帝为原型的图案，也被忽视而抛到九霄云外。查理曼这位曾控制了大半个欧洲的"神圣罗马帝国的皇帝"，似乎永远都离不开战争，活着的时候战功赫赫，去世后还一直在牌场上厮杀。他和密斯两人，一个以扑克牌的形式，一个以玻璃摩天大楼的形式，在时光这艘载满欲望的航船上找到合适的角色，传承至今，润物无声。

密斯出身卑微，他与四巨头的另外两个赖特、勒·柯布西耶一样都没有受过正规的建筑学教育，密斯甚至连高中都没毕业。学校教育本身就如同可以栖息的大树，为无数的鸟儿提供一个暂时的安身之所，不过你未来想要飞向哪里，跟这是一棵什么树两者之间的关系也着实耐人寻味。

自古福祸相依，靠自学成才的密斯，对待建筑的态度显得更为纯粹。他的作品与受过学校教育仿佛批量生产的作品不同，建筑思想也相对自由。由于密斯的母亲是荷兰人，密斯的设计中除了德国人简洁理性的作风外，也多了荷兰人的细腻温和，这些因素相互叠加，使后来"密斯风格"的形成变得有据可循。

密斯最初在父亲的石匠作坊中做学徒，从最基础开始学习，了解各种材料的性质与施工技艺，由此开始自己的建筑生涯。1905年，为了在建筑之路上继续前行，密斯只身前往柏林，在布鲁诺保罗事务所当学徒。1908年至1911年间，又与四巨头中的另外两位，格罗皮乌斯、勒·柯布西耶同时在彼得·贝伦斯这位建筑新潮人物的事务所里打工，学习新的建筑思想。只是不知那时的他们是否会想到，在20世纪翻天覆地的社会大变革中他们将在建筑领域撑起一片绚烂的天空。

第一次世界大战的到来让密斯不得不暂时停下前进的脚步，作为一名士兵投身战场。第一次世界大战如何惨烈我们不敢想象，"横尸遍野"等词汇显得过于贫乏。密斯能活着并完整地走出来是何等幸运，似乎是上帝觉得他在人间还有未完成的使命。

战争带走的不只有生命，还有曾经辉煌的建筑。作为战败国的德国此时钱袋空空，重建也成为一大难题。18、19世纪时追求建筑的华丽和繁复，如巴洛克、哥特或维多利亚，偏向古典主义设计风格，但这些雍容华贵的建筑，此时却犹如昂贵的香水，对于处在沙漠里渴极了的人来说，还没有一杯白开水来的有用。因此密斯完全舍弃了对自己影响很大的19世纪德国最伟大的新古典建筑大师弗里德里希·辛克尔的传统建筑理念，抛开了如同繁复的花纹装饰等附加于建筑之外华而不实的东西，改为以建筑功能为主。

1919年，密斯创办了自己的实验室，并推出了一个全玻璃帷幕大楼的建筑方案，这是密斯标志性建筑的最初设想。这个方案颠覆了人们对于传统建筑的认知，引起了轩然大波。有人戏称密斯为"幻想设计师"，他也确实致力于将幻想变为现实，在这之后他又设计了许多精简风格的建筑。密斯的建筑理念，开始正式走向了另一个方向：极简主义。1929年巴塞罗那世博会德国馆就是这一理念的最好展现，而密斯也因为这个场馆一炮走红。

德国在一战中打了败仗，元气大伤，昔日的威严早已荡然无存，执政的魏玛共和国也不想打肿脸充胖子地树立什么大国形象，甚至不准备参加世博会，因此对场馆的要求，仅仅是自由、开放、友好、现代化这么简单。密斯没有国家形象的负担，设计时放开手脚，将自己对于建筑"少就是多"的理念付诸实践。"少就是多"的说法最早出现在英国诗人罗伯特·布朗宁1855年写的一首诗中，密斯让它更加出名，它在今天也成了密斯的代名词。

似乎世间的一切艺术在追寻根源时都是相通的，"少就是多"与中国山水画中的留白、道家的无为，像是一母同胞的兄弟。巴塞罗那世博会德国馆运用

巴塞罗那世博会德国馆

巴塞罗那世博会德国馆

这一原则，成为密斯一生中最为经典的作品。它的落成，如同在古典主义这潭死水中投入了一枚重磅炸弹。

　　巴塞罗那世博会德国馆占地面积近千平方米，建在一个约1.2米高的实心台基上。平台处理简单明快，从高空中俯视的话，这个建筑像是一边多了一块另一边缺了一块的长方形。整个展馆被分为了两个大致相等的部分，一边是一个长方形的大水池，另一边是一个单层楼建筑，水池的旁边还有一个被遮盖住的小工作间。在水池的一角静立着艺术大师科尔贝创作的女身雕像"早晨"，密斯对雕像的位置进行过精密计算，光线受屋檐的阻挡，随着太阳升起从雕像的头顶慢慢下降，由黑暗进入光明，使人望之而意远，人们可以在水池边晒太阳散步，慢慢感受时光流逝的痕迹。

　　整个单层建筑物是由八根十字形断面的钢柱支撑起一个长方形钢筋混凝土

巴塞罗那世博会德国馆内部

薄形平顶，内部的浅棕色条纹大理石、绿色的提尼安大理石和半透明玻璃并不承重，是简单光洁的薄板，密斯对它们进行了巧妙的布置，使它们纵横交错，隔而不断，有的延伸出去成为围墙。玻璃和大理石薄板作为间隔分割出了大小不同、变化无常的空间。这些空间与传统承重结构必然造成的封闭孤立的空间模式不同，它是敞开的，连贯的，像极了中国古代的园林艺术，视线受到阻挡，一眼看不全，因此移步换景，处处洞天，于方寸之间，包罗万象。"流动空间"成了一个前卫的名词，给建筑行业带来极大的震动。

巴塞罗那德国馆没有传统建筑中以装饰为主的精雕细刻，建筑材料本身的花纹和质感就变得很重要。因此密斯对玻璃、钢柱、大理石、砖块这些建筑材料的选择下了大功夫，他曾为了挑选合适的砖块专程到荷兰的砖厂进行颜色的反复比对，为了在场馆中心部位的墙面上使用一种特定的玛瑙大理石对整体的设计进行了调整。间隔制造出整个空间跳动的韵律，如同"流动"的音符，弹奏着大理石板的乐章，平静的水面倒映着天空的云卷云舒。它如同一座现代主义的神庙，背负着后人对建筑的信仰。

巴塞罗那世博会期间，除了由密斯设计的几把用于接待西班牙王室的"巴塞罗那椅"和一张深红色的天鹅绒帷幕外，空无一物。工业展品被放入德国的电气馆内展出，德国馆想要向公众传达的是开放、自由与和平。

世博会后展馆被拆除，对于这个传奇的评论，如同插上翅膀越飞越远，人们都想要扒开这个神秘的面纱一探究竟。西班牙加泰罗尼亚的建筑师将这一展馆按原样重建，在密斯100周年诞辰，也就是1986年，复建完工。1929年的巴塞罗那德国馆成为现代主义建筑的里程碑。巴塞罗那馆成了我们现在所谈论的世界各地极简主义的源头，而这座场馆也正是密斯辉煌事业的开始。

说到现代主义的建筑，不得不提一个历史上极有名气的建筑学校，由格罗皮乌斯创办于1919年的包豪斯学院，密斯的命运也与这座学校紧密相连。1937年随着格罗皮乌斯与梅耶的相继辞职，密斯在格罗皮乌斯推荐下，成为包豪斯学院的第三任校长，他接到的可并不是一个香饽饽。纳粹统治时期，希特勒喜欢的是万神庙，倡导新古典主义建筑，认为这是民主精神的象征。而包豪斯是以现代主义风格立足的学校，这对于希特勒这位蹩脚的艺术家和跟他一伙的人来说，一时是无法接受的。这也导致学校被卷入了政治的漩涡。前两位校长任职期间，这种矛盾早已激化到不可调和。尽管密斯同他的忠诚拥护者菲利普·约翰逊用尽浑身解数向希特勒推荐简单、抽象的现代主义建筑，能更好地展现帝国荣耀，都于事无补。密斯为学校做出了不懈的努力，可当盖世太保提出要剔除学校的政治分子和不受欢迎的种族，换上一批新鲜血液时，密斯为了保留建筑的纯粹，自愿于1933年将学校关闭。

对包豪斯而言这也许是最好的结局，宁愿在最美丽的时候终结，也不拖着沉重的躯壳如行尸走肉般存活。对密斯来说，也是一种解脱，他对于政治兴趣不大，完全热衷于建筑本身。他为斯巴达克同盟的罗莎·卢森堡和卡尔·李卜克内西设计纪念碑，为魏玛共和国设计巴塞罗那世博会德国馆，又为纳粹设计被誉为纳粹政权的第一栋标志性建筑——帝国银行新总部大厦，虽然这三个建筑的政治目的完全不同，他也不太介意。

密斯后来受邀到美国阿尔莫建筑学院任职，从荷兰鹿特丹登上了去往纽约的船，从此定居美国。

密斯是赖特在四巨头中唯一一个能看上眼的人。在学校的欢迎会上，孤傲的赖特做了最后的发言：我把密斯·凡·德·罗给了大家，我不会辜负大家的希望。赖特似乎预见了建筑在未来的方向，做着某种仪式的交接，在美国的建筑世界里，赖特隐退，密斯接过王权，开辟了一个钢铁和玻璃的时代。

战争时期，密斯致力于讲学，培育了影响美国乃至全世界的建筑师。美国大发战争财，战后成为世界上最富有的国家之一。工业发达，昂贵的材料在建筑中的使用都变得合理，美国进入了建筑兴盛时期。密斯为了曾经提出的全玻璃帷幕大楼建筑案，也就是那个幻想，开始专心探索钢结构的设计问题，并尝试着用于实践，发展他在美国的建筑事业。

1945年密斯认识了芝加哥名门之后，也是当地颇有名气的肾脏专家伊迪丝·范斯沃斯，她是一个单身的女医生。据她姐姐回忆：她被密斯迷住了，她可能与他有点儿私情。女医生邀请密斯为自己设计别墅，密斯对于这个别墅也花费了很多心思。这座别墅于1950年建成，坐落于距芝加哥47公里的普兰诺南郊，伊利诺伊州福克斯河畔，建筑在平坦的牧野之上，四周有红枫树环绕，透露着不真实与虚幻。这座面积不到200平方米的小住宅在建筑史上留下了重要的一笔，也由此引发了一件有趣的事情。

这座长方形的玻璃盒子，由八根H形截面的钢柱，处在上下两个薄板之间，支撑起了整个空间，四周都用透明玻璃做墙面，由此便大致构成了整个住宅的主要框架，一切就是这么的简单。如同"水晶宫"般的建筑，晶莹夺目，美妙绝伦，用玻璃做幕墙取代了阻隔视线的墙面，除了一个浴室和厕所之外，其余的都为敞开的空间，使得整个建筑物一目了然。他将住宅的底层架离地面约1.5米，从远处看过去会有一种不真实的感觉，像是悬浮在空中，我们会突然觉得原来建筑还可以这样子，颠覆了对于传统建筑的所有认知。室内是一片完整的开放空间，全部由家具进行分割，玻璃的透明使得屋外的整片树木、河流、绿野尽收眼底，仿佛处在一个美丽的风景之中。这是一个看得见风景的房子。

"完美"这个词语似乎只能无限接近，却永远无法真正到达。密斯在"美"上费了很多心思，直接导致了建筑"仙"到不接地气。此时密斯和范斯

范斯沃斯住宅

沃斯两人掉到了爱情的蜜罐里难以自拔，密斯仿佛忘记了"女神"终归只是肉体凡身的事实，以至于引发了一系列的问题。由于房子四面透明，人在里面如同一个精美的展厅所展览的物品一般任人观看，毫无隐私。里面的家具为了分割空间，不能随意移动，虽摆放的井井有条，但也为生活带来了不便。透明玻璃做的幕墙，隔绝温度的功能不高，冬日要忍受严寒，夏日要忍受酷暑，不久范斯沃斯就生起病来。房子本身除了美观，不能为人们的居住带来应有的舒适。而密斯的精益求精又使得房子造价比原计划严重超出，从预算的4万美金到7.4万美金，花了大价钱却得到一个不能住的房子，当中还夹杂着感情的破裂。被爱情冲昏的头脑一下子清醒起来，所谓爱之深，恨之切，范斯沃斯觉得这一切都无法忍受，就将密斯告上了法庭。

作为现代建筑的四巨头之一，当时因为自己的建筑站上被告席，好像没有比这更让人尴尬的了。如果说是为艺术而献身并不计后果，这也应该算得上是其中一种吧。当然密斯也不是一头待宰的羔羊，他竭力为自己的设计辩解，其精辟论断甚至感染了在场的人们，密斯当时说："当我们徘徊于古老传统时，我们将永远不能超出那古老的框子。特别是物质高度发展和城市极其繁荣的今天，我们会对房子有较高的要求，特别是空间的结构和用材的选择，第一要求就是把建筑物的功能作为建筑设计的出发点。空间内部的开放和灵活，对现代人的工作、学习和生活，就会变得非常重要。这座房子有如此多的缺点，我只能说声对不起了，愿承担一切损失。"

由于密斯诚恳的态度，加上女医生还念旧情，就决定撤回起诉。这所现代主义的经典建筑范斯沃斯住宅，也于1962年被伦敦的地产商也是密斯的崇拜者彼得·帕隆博买下，并非日常居住，而是为了闲暇时接近自然修身养性。这件事情到此为止，可对于密斯的影响却并没有结束。密斯的设计让他声名大噪，不过是毁誉参半，走向两个极端，但这两个极端最终都导致来请密斯设计房子的人开始变少。虽说对于美丽的事物人们都会向往，但如果是只能"看"而不能"住"的房子，会给人们带来困扰，也是不被需要的，由此产生了艺术与实用的对立。

这座革命性的建筑距今也有一百多年了，即便是拿现在的眼光来看，依旧极富美感。范斯沃斯住宅体现着密斯的一贯主张——"少"就是"多"，少的是附加于建筑之上的繁复冗杂，多的是极度的精简所产生的完美。这所住宅中密斯尝试了对于"通用空间"的运用，实现了从"流通空间"到"全面空间"的转变，将极简主义发挥到了极致，简单到一个用长方形或正方形的"盒子"，能够涵盖一切，带有着极端理性主义风格，也开辟了玻璃做幕墙的先例。而受密斯影响的后人也以此开始将美国乃至世界都装进了由玻璃和钢铁建构起来的盒子里。

1954年，设计西格姆大厦的任务如同天上掉馅饼一般砸到了密斯的头上。这是一家酿酒公司，正是由于首脑的女儿菲利斯偏爱密斯的建筑风格，于是急忙从巴黎飞回纽约，换掉了他父亲之前选好的设计师。密斯在女人面前好像运气一直不错，继范斯沃斯住宅之后，他又迎来了他人生的辉煌时刻。在菲利斯的主持下，通过菲利普·约翰逊邀请到了密斯来设计大楼，也正是这栋建筑使密斯红遍全球。

西格姆大厦位于美国纽约的市中心，在寸土寸金的地段建造一座摩天大楼花费极高，总投资4300万美元。密斯为了避免建筑物的巨大体量，体现建筑的宏伟，极其"土豪"地让建筑不临街道而是后退30米，用这个可以产生极大经济利益的地段建设了一个带喷泉水池的花园广场，给公众创造了良好的公共活动空间。

西格姆大厦的主体是一个竖立的长方体，总高达158米，共38层，除了最下面的一层，其他都是用镶青铜的铜窗框镶嵌着刚刚发明的隔热琥珀色玻璃做幕墙，两种颜色相得益彰，格调高雅。钢柱也一改之前的十字形或者圆形，采用工字形，玻璃与钢制的框架间衔接细致、融为一体，不再脱离于框架之外，仅是玻璃面积就占外墙的75%，从外面看大厦闪闪发光。

密斯极为注重细节，他曾经说过"上帝存在于细节"，从1929年巴塞罗那世博会德国馆他对砖块的挑剔就可以看到这点。西格姆大厦布局细腻，设计精密，细节部位处理严谨，使大厦从外面看起来简单却不失高雅华丽。建筑的底层是完全开放的空间，除了18部电梯和楼梯之外，没有办公用房，这是美国当时最为昂贵的摩天大楼。密斯似乎从来不考虑造价，他把建筑本身当成了艺术品，为了做好它不惜一切代价。

建造西格姆大厦时发生了一件让密斯不那么愉快的事情。密斯由于没有高中文化证明，被政府官员在审查中发现了，通知他参加考试。密斯从事建筑已经大半辈子，担任建筑系主任也有16年，这对他来说无疑是最大的讽刺。于是愤然飞回了芝加哥，最后通过朋友斡旋，事情才得以解决。西格姆大厦1958年建成时，密斯已经72岁了。它的成功使密斯在美国声望倍增，密斯似乎也想通过这个建筑证明什么。

密斯的这种钢结构和玻璃幕墙的建筑，引领了时代风尚，被人们称为"密斯风格"，也引来了无数人的效仿，甚至到了泛滥。这个世界在不断变化，这种变化让原有的卓越沦为平庸。而建筑的世界也到了没有"神"存在的时代，密斯逐渐开始退出历史舞台。密斯后来受到一些人的非议，美国人罗伯特·文丘便是其中一员，他甚至将密斯最为经典的"少就是多"改为"少就是贫乏"。密斯对于这一切的批评都没有做出回答，也许是对于名利早已看淡。1968年，82岁的密斯完成了封笔之作——西柏林新国家美术馆，为自己的祖国奉献了自己最后的才华，以此来回应外界的各种声音，也为他的建筑生涯画上了一个完美的句号。

1986年开始的密斯·凡·德·罗奖又称欧盟当代建筑奖，由欧盟教育文化部与密斯基金会创办，每两年评一次，用以发现欧洲建筑领域高品质的当代建筑作品。密斯基金会的成立正是为了纪念这位被汤姆·沃尔夫称为改变世界大都市三分之一天际线的现代主义建筑大师密斯·凡·德·罗。

密斯在自传中说过一句话："我不想很精彩，只想更好。"他以这样的态度对待建筑事业。纵观密斯的作品，钢结构和玻璃是不变的乐章，后世的建筑师踩着这位大师走过的路前行，直到今天在纽约、伦敦、上海、东京我们依然能够看到"密斯风格"的建筑。大师的建筑风靡世界传承至今，离我们的生活如此之近，而他似乎也一直没有离开，如同那些闪耀着光亮的摩天大楼一样，直入苍穹，俯瞰着整个世界。

勒·柯布西耶（1887—1965）
魂归地中海

> "建筑形式应出现在功能需求的最后，感情能把呆滞的石头创造出情节来。"
>
> ——勒·柯布西耶

　　选择旅行，抱有的目的不同，收获也千差万别。旅行对于勒·柯布西耶而言，像是太阳照耀大地，他设计的建筑因为有了光和热，才能完成光合作用，不断成长。勒·柯布西耶在世界各地留下足迹，他用速写本记录城市与建筑的线条与体块，沉醉其中，闲暇之余如骆驼反刍般去消化每一丝的感触。一切生命都如胎儿在羊水中孕育般起源于海洋。勒·柯布西耶也为了这份爱和归属，在地中海里获得永生。

　　勒·柯布西耶是20世纪最伟大的建筑师之一，现代主义建筑的主将和激进派。他除了建筑师的身份外，也是现代派画家、雕塑家、城市规划家和家居设计师，甚至还是一位多产的作家。勒·柯布西耶是四大现代主义建筑师中著书最多的，他一生出版过50多本专著和无数篇文章。勒·柯布西耶像是一块海绵，在旅行中拼命吸取每一滴养分，需要的时候拧一拧，便降下一片甘霖。

　　勒·柯布西耶1887年10月6日出生在瑞士西北纳沙泰尔州汝拉山地区历史悠久的小城拉绍德封。祖先是14世纪的法国移民，因逃避迫害流亡到这里。这个地方是自18世纪以来全世界最重要的钟表生产中心，这里的居民世代与制表业有关。

　　勒·柯布西耶小学毕业后便跟着父亲学习表壳镶嵌工艺，值得庆幸的是，他14岁去艺术学院学习时遇见了勒普拉特涅教授。勒·柯布西耶曾这样评价这位老师："这是一位打开了我走入艺术世界大门的导师，和他一起使我沉醉于艺术之中如同失去自我。"这位被勒·柯布西耶称为一生中唯一的老师，他对柯布西耶细心教导，并让他抛下绘画，走向了建筑之路。

勒·柯布西耶是一个高度近视的人，让人印象最深刻的就是他那如猫头鹰眼睛般圆滚滚的黑框眼镜，他总是穿着一身紧身黑西装，白衬衫系着黑领结，戴着圆顶礼帽。柯布西耶是一个性格孤僻的人，不喜欢与外人打交道，这导致了人们的误解，认为他是一个孤傲、多疑、冷漠、好斗的人，因此柯布西耶也多了一个外号"柯布"（乌鸦或强盗的意思）。现在柯布这个名字已经在全世界建筑界通用。柯布喜欢挖苦人，以至于不擅长与人合作。但即便如此，他在建筑中展现出来的天才思想，让这一切都变得不是问题，反倒多了几份真实与可爱。

19岁柯布就已经开始自己设计别墅，并从中找到了一个契机，进行了第一次学习旅行，前往欧洲看一些杰出的建筑和艺术。

柯布一生到过很多地方，像一个农场主一样，在地里到处晃悠，视察作物的成长情况。1906年，柯布在意大利和奥地利待了很长时间，在旅行中写了很多长信，画了大量的素描。他对意大利的埃玛修道院和比萨广场产生了浓厚的兴趣，这也让他决定从装饰美术家变成一个建筑家。柯布在之后的旅行中被地中海深深地迷住了，蓝天、碧海、沙滩，还有白色的村庄，那些没经任何修饰的线条成为柯布日后设计的灵感来源。柯布后来在地中海旁边亲自设计了自己的住宅。

1911年柯布开始了他为期五个月的东方旅行，历经东欧、巴尔干、土耳其、希腊和意大利，写下了《东方游记》这本书。在帕特农神庙，他感受到灵魂的震颤。柯布在旅行中习惯性地带着本子，将看到的色彩、框架比例、形式记录下来，并用图像将在岛屿、城市、海洋间的感觉，与附加于这些感觉之上天马行空的幻想一同印在纸上。

1908年柯布首次到巴黎，感受到新时代和新技术，并在他崇拜的钢筋混凝土大师阿古斯特·派洛特那里工作了15个月。1910年又在彼得·贝伦斯事务所工作，认识了格罗皮乌斯和密斯。受这些新潮建筑思想的影响，柯布的艺术观介于机器艺术派和德国先锋派之间，相对于建筑的实际功能，似乎艺术的美感才是他最为关注的。他曾说过："住宅要像机器那样美，不需要像发电机那样的效率。"

1920年，柯布移居巴黎，并在这一时期设计了大量的住宅，其中最为出名的就是萨伏伊别墅了。萨伏伊别墅是纯粹主义的巅峰之作，这是柯布运用玻璃和混凝土最为成熟的作品，这一建筑也奠定了柯布在现代建筑中的地位。

萨伏伊别墅像一件艺术品搁置在巴黎郊区，距市区有一个小时的车程。这是为市长建造的住宅。白色的立方体坐落于普瓦西一片绿野之上，宅基长约22.5米，宽20米，共三层，底层用14根带有柯布风格的圆柱将横线条的房子架离地面。白色的墙面用的是昂贵的进口瑞士灰浆，由工匠手工完成。底层除了通透的空间之外，有可以容纳三辆车的车库、一个看门人的门房、一个司机的房间，还有洗衣房、储物间，将底层作为服务区确保了二楼居住生活的私密性。

建筑的顶层叫作"日光浴室"或"空中花园"，当然这与古巴比伦的空中花园相距甚大，可为什么花园不能移到绿野上？柯布在书中这样写道："地上又脏又湿……因此，别墅中的真正花园不在地面上，而是抬到了3.75米的高处，这里既干燥又舒适，更加益于健康。从这里我们可以俯瞰周围的全部景观，比地面上的视野开阔多了。在雨季来临的时候，有一个地面很快就能变干的花园就显得更加必要了。花园的地面是由水泥板组成的，板下面铺着沙子，这些沙子可以确保雨水迅速排走。"在这个开放的空间里，人们可以尽情地享受阳光。

现在的都市建筑用房中，为了节约地面，一些建筑师才把花园移到空中，不知他们看到这栋别墅的时候作何感想。也不知道柯布要活到今天，整个世界又是一番怎样的模样。

柯布在1926年提出了新建筑的五点：底层透空（房屋底层采用独立支柱），屋顶花园，自由平面，横向长窗，自由的立面。萨伏伊别墅是这一理论

萨伏伊别墅

最完整的体现。柯布费了九牛二虎之力，站在经济与艺术的立场上不断说服萨伏伊一家，说平顶的造价更低，屋顶整成花园，夏天凉爽，早晨起床锻炼不用再受绿野上的潮气之苦，最终赢得了萨伏伊一家对于平屋顶的接纳。这个别墅最终也成了纯粹主义的国际象征。

但事实却不如柯布想象中的那般好，建筑在建成之后出现了很多问题。萨伏伊一家搬进去的一个星期后，卧室的屋顶就裂缝了。漏进卧室的大量雨水使住在卧室里的小男孩胸部受到感染，最终转为肺炎，在一家疗养院里住了一年才康复。在萨伏伊夫人写来的一封信里，我们可以看到她对这个建筑的评价："大厅里在下雨，坡道上在下雨，而且车库的墙全部遭到水浸。更有甚者，我的浴室里也在下雨，它一遇到坏天气就会被淹，因为雨水直接就能从天窗漏进来。"当时这栋平顶的建筑成为一大突破，在全世界建筑界已经得到了很好的评价。柯布知道这件事后说自己会解决，为了赞美自己的建筑，同时也想安慰萨伏伊夫人，他说："您真的该在楼下大厅的桌子上放个签名簿，请您所有的来访者都留下他们的姓名和住址。您会看到很多漂亮的签名。"这句话对于饱受雨水潮湿之苦的萨伏伊夫人来说无异于火上浇油，他对柯布警告道："您的职业操守危如累卵，我也没有必要付清账单了。请马上将其改造得可以居住。我真诚地希望我不至于必须采取法律行动。"最后因为二战的爆发，萨伏伊一家离开巴黎。这件事情不了了之，避免了让柯布如密斯一样站上法庭。

柯布的萨伏伊别墅与密斯的范斯沃斯住宅一样，在居住过程中都遇到了很多问题，但这都不能抹杀它们在建筑史上的地位。这些建筑师预见了未来建筑的发展方向，并开始做伟大的尝试。

柯布这位伟大的预言家，能准确地把握时代发展的脉搏。他认为："未来的城市必定是高楼林立，车水马龙。可以用作建筑建造的地面面积会越来越稀有，人们的活动也会因为糟糕的城市布局变得束缚起来。"以今天城市的发展来看，无疑验证了他的说法。在工业化的时代，柯布崇尚物质批量化地生产，包括建筑。柯布成为机械美学理论的奠基人，他认为：住宅是供人居住的机器，书是供人们阅读的机器，在当代社会中，一件新设计出来为现代人服务的产品都是某种意义上的机器。

勒·柯布西耶的建筑分为两个阶段：20世纪50年代以前是功能主义，钢筋水泥柱取代传统承重墙，代表作品就是1929年的萨伏伊别墅和1945年的马赛公寓；50年代以后追求表现主义，代表作品便是朗香教堂。

马赛公寓是柯布理性主义的代表作。它在开始建造时面临着很多障碍，保守派群起反抗，因获得法国的重建部部长也就是柯布导师的帮助，建筑才得以落成。

对于这个建筑的外观我们并不陌生，马赛公寓像是一个现代化的社区，或者说它本就是现代社区的雏形。整个公寓共18层，有337个套房，供1600人居住，可以是单身人士，也可以是带着小孩和老人的家庭。里面除了小套房外，还有大套房，是双层的起居室和卧室。柯布很注重采光，每家都有两个阳台，阳台之间的隔板上有着鲜明的色彩，有红、蓝、黄、黑。这是柯布的美学哲理，他曾说道："什么是伟大的美的音域，就是地球上的颜色，褐石、群青、黑和白。如果你希望涂黑色，拿起你白色的笔，如果你希望涂白色，拿起你黑色的笔。"这是为了追求对比反差的效果。色彩涂在隔板侧面上而不是立面，

马赛公寓

是为了体现建筑的三度视觉感。柯布想得很全面，除了住房之外，还为人们提供了齐全的生活资源。公寓内部有两条商业街，在屋顶还有幼儿园、食堂和屋顶花园，甚至还有垂直站立的混凝土板块，可以夜间放映电影。整栋建筑依旧悬空，支撑的鸡腿柱有两层楼高，这是钢筋混凝土堆砌的最初世界。

马赛公寓运用了柯布在1915年提出的"多米诺系统"，也就是钢筋混凝土的平面，由立柱的支撑构成的立体框架。与赖特将建筑设计得低矮、横向延伸想要融入大地不同，柯布的建筑总是在底部用立柱将建筑悬空，这是他童年时期对于远古时期水上建筑——干栏式住宅的向往，那是他理想中的水上乌托邦。

柯布"从个人住宅到集合住宅，以后发展到为了300百万人的现代都市计划，都遵循一个统一的概念，即所有局部都服从于几何学简洁的秩序，让人们生活在充满绿和光的上品空间中"。柯布创造了建筑的标准件，有利于建筑的批量化生产，具有划时代的里程碑意义。

1953年，国际现代建筑协会（简称CIAM）在马赛公寓的屋顶举办了开幕式的宴会，世界各地的建筑家齐聚这里，其中也包括柯布工作中的老伙伴、当时美国机器艺术派的领袖格罗皮乌斯。他当时说了这样一句话："任何一位建筑师，如果他发现不了这座建筑的美，最好放下他的铅笔吧！"

　　现在，城市中布满了这种样式的住房，我们身居其中，建筑的新鲜和美感早已随着时间的消磨而荡然无存。公寓大楼确实解决了柯布观念中的住房问题，但钢筋混凝土隔离出来的不只是空间，还有人与人之间的情感，人与人之间冰冷的程度不亚于冬日的刺骨严寒。我们期待下一个柯布预言下一个时代的建筑，不知是如蓬莱仙岛那样云雾缭绕，还是如科幻大片中的那样悬浮于空中。无论如何，只求温暖长存于人心。

　　在建筑史上赫赫有名的朗香教堂是柯布"粗狂主义"的代表，自1945年对外开放起，就成为建筑师前往朝圣的圣地。这座教堂坐落在法国东部，濒临瑞士边境的一座小山上。二战中这里原有的教堂被毁，柯布以天才般的想象力和创造力，建起了这个惊呆了世人的教堂。在整个建筑外围的主要框架中，你根本寻找不到一条线是垂直于地面，或是在水平方向延伸的，他将建筑的曲线与山脉的趋向相互呼应，使建筑既和谐又充满生机。这座建筑可以称之为奇特、

朗香教堂外景

灵动，甚至可以说是怪诞，整个建筑不像是传统意义上的教堂，更像是一件大型的雕塑艺术。自然的律动，古典建筑的韵味，机器时代的严谨，在他的建筑中相互杂糅。朗香教堂实现了柯布创作风格的成功转型，自成一派。

关于教堂屋顶的意象，人们有很多解释：帆船、蟹壳、鞋拔子、教士的帽子，等等。吉欧费·史考特说："建筑艺术的推敲并不在于结构体本身，而在于结构体对人类精神的影响。"柯布本人将它解释为"上帝的耳蜗"。教堂是与上帝最为接近的地方，作为"形式领域里的声学元件"，在这里传达上帝的旨意，倾听天国的声音。东南角屋顶呈上升状，似乎与哥特的尖顶寓意相同，向往天堂，但相比之下，并不陡峭的屋顶是依旧存有的对俗世的眷恋。

屋顶最初的设计灵感来自于柯布在纽约看到的一种螃蟹的蟹甲，后因技术的限制对蟹甲做了改动，才有了我们现在看到的形状。屋顶由混凝土和金属共同铸造而成，东南高，西北低，坡度很大，下雨时，雨水流入西南水口，经过一个泄水管，注入地面的水池之中。房顶与墙体之间并不封死，光从缝隙中透出，为教堂增添了神圣。日本建筑师安藤忠雄对这个建筑很着迷，曾多次前往感受这个教堂的神韵，在他的作品光之教堂、冥想之厅中，我们可以看到一些朗香教堂的影子。受柯布影响的人不在少数，许多建筑师都陷入了这样的怪圈，总想要从柯布的建筑影响中脱离，却又只是让建筑中柯布的特点变得更加明显。

朗香教堂的南墙上，有着大小不同、排列无序的矩形窗口。墙体很厚，外面看似不大的窗口，在墙体的另一面被扩展。墙体上的各色玻璃，通过自然光的照射，让本来平静的白色空间变换成五彩斑斓的世界，让人回忆起中世纪哥特式教堂的玻璃窗面。这面墙也被称为"光墙"。在《走向新建筑》一书中柯布说："情感来自意图的一致。"在教堂中人们能够感受到神圣的上帝之光。朗香教堂是"世界基督教历史上最重要的教堂之一，创造了从没有过的建筑空间观念"，也是"现代艺术原则与建筑的融合，将建筑艺术提到了一个新的高度"。朗香教堂和萨伏伊教堂一样，建筑中白色占了绝大部分，柯布是白色派的精神之父。后来的白色教父理查德·迈耶说过，柯布西耶对他有非常大的影

朗香教堂内景

响，而且这些影响会不断的深化。

　　"建筑被传统的桎梏束缚着，风格只是一种谎言。"这是柯布说过的一句话。柯布习惯到世界各地去旅行，将自己的建筑理论运用到自己的设计中，看到不同风格的建筑，他对于建筑的看法也如孩子的脸般说变就变，导致我们在他的设计中找不到相同的部分。他的每一次设计都如同赌博，值得庆幸的是，柯布运气不错。每一次的转变都带来了建筑领域的革新，也将人搞得晕头转向，瞠目结舌。

　　倘若一个人的头像印在流通的货币上，足见这个人对一个国家乃至世界的影响。在10元面值的瑞士法郎纸币上我们能看到著名设计大师勒·柯布西耶的脸庞，纸币的另一面则是他的建筑作品以及"模度"。爱因斯坦曾对"模度"有这样评价："此比例系统极易产生美妙形式，很难产生丑陋的形式。"

　　关于"模度"的发现，要从柯布童年说起，艺术学校的勒普拉特涅老师教导学生通过几何的方式来理解和表达植物的形体，柯布在老师的指导下，于远离城市的山区尝试对植物、动物、山脉、天空等自然形式的运用。1911年，勒·柯布西耶在书中如是写道："我在几何中寻找，我疯狂般地寻找着各种色彩以及立方体、球体、圆柱体和金字塔形。棱柱的升高和彼此之间的平衡能够使正午的阳光透过立方体进入建筑表面，可以形成一种独特的韵律。"如今存在的古迹如金字塔、帕特农神庙、印度寺庙以及古典主义风格的教堂，整体轮廓演化成的几何形体，它们之间由和谐产生的美感，都运用了一定的数学规律。

柯布在《模度》里说："对问题根源的调整，将改变一切，将开启思想的大门，使想象自由流淌。"柯布在几何与黄金分割的基础上潜心研究，发现了神圣的"模度"，并在马赛公寓中得到初次运用。

在早期的旅行中，柯布发现欧洲许多地区的住宅和古老的法国哥特木屋等高度都是一个人举起手的高度，他从中发现了某种规律，再加上不懈的探索，找寻到了"模度"。柯布发现的"模度"是"从人体的尺度出发，选定下垂手臂、脐、头顶、上伸手臂四个部位为控制点，与地面的距离分别是86厘米、113厘米、183厘米、226厘米。这些数值之间存在着两种关系：一是黄金比率关系；另一个是上伸手臂高恰为脐高的两倍，即226厘米和113厘米。利用这两个数值为基准，插入其他相应数值，形成两套级数，前者称'红尺'，后者称'蓝尺'。将红、蓝尺重合，作为横纵向坐标，其相交形成的许多大小不同的正方形和长方形称为'模度'"。

柯布具有浓厚的古典主义情怀，对于帕特农神庙甚是喜爱，这个神庙使他找到了建筑思想的源流。在《走向新建筑》中，他这样说道："为了完善，必须建立标准。帕特农是精选了一个标准的结果。"《东方游记》中记述了他与帕特农相遇最初的感受："线条非常僵硬的柱顶盘使人感到压迫与不安。你会生出一种超乎人类命运的感觉。帕特农神庙这架可怕的机器居高临下，压抑着游客的心情。"他几乎每天都会去看帕特农神庙，怀揣着那份崇拜，凭借着自己深厚的美术功底，进行不同角度的勾勒。神庙的每一个立面，每一次转角，每一个柱式上的凸凹，每一个衔接的凹槽，都如同具有生命般，自主地融合成了整个神庙，多一丝少一毫都不行，如此浑然天成。

柯布是矛盾的，他痴迷于自然，却也迷恋机器，在古典建筑前移不开脚步，却开辟了现代主义建筑风格。柯布在所有对立的因素编织的大网中挣扎，最终看透一切，将这张网据为己用。

中国有句古话叫"读万卷书，行万里路"。柯布将其中的"行万里路"做得很好，但也庆幸没有"万卷书"的束缚，他的思维可以跟着自然流动，随着鲜花、绿叶、河流、山川、白云徜徉于天地之间。

1965年，勒·柯布西耶在地中海畅游时心脏病突发，第二天被发现时已经死在了沙滩上。继赖特之后，建筑界又一颗巨星陨落了。

阿尔瓦·阿尔托（1898—1976）
温暖的心

> 只有当人处于中心地位时，真正的建筑才存在。
>
> ——阿尔瓦·阿尔托

当国际式现代主义建筑成为样板，机械复制般出现，建筑中存有的情感也被一次次瓜分，最终如同一滴水融入大海，惊不起一丝波澜。阿尔瓦·阿尔托这位芬兰民族建筑师，敏锐察觉到这一问题，并在建筑中注入历史的、自然的、古典的灵魂，开创性提出"人情化"建筑理念。在他的设计中处处充斥着人文关怀，如不经意间吹过一股暖风，吹散阴霾，温暖人心。

阿尔瓦·阿尔托全名雨果·阿尔瓦·亨里克·阿尔托，是现代主义建筑奠基人之一，与现代主义四大建筑师（赖特、格罗皮乌斯、密斯、柯布西耶）齐名，同时也是现代城市规划和工业产品设计的代表人物。1963年，继弗兰克·赖特、密斯·凡·德·罗、勒·柯布西耶和沙里宁之后，阿尔托同样获得美国建筑师学会金奖。阿尔托认为建筑是自然的一部分，在他的建筑中充满着有机材料，因而他的设计被称为"有机功能主义"。

1898年2月3日，阿尔瓦·阿尔托出生于芬兰的库奥尔塔小镇，外祖父在伊沃森林学院任教，教授森林学，父亲是一名土地勘测员，在当地享有声望。阿尔托在这样的环境中长大，他从小就跟着父亲在森林、湖泊之间穿梭，对芬兰地貌十分熟悉。父亲工作过的那张桌子让童年时期的阿尔托印象深刻，他在晚年曾写道："那张白色桌子很大，可能是世界上最大的桌子，起码是我所知的世界上最大的桌子。"父亲在山川与河流之间测得的数据，在这个白桌子上绘制图纸，小阿尔托也将自然与手工描绘相连。这是他建筑之梦开始的地方。

阿尔托1921年毕业于赫尔辛基的芬兰理工学院建筑系，在1923年开设了自己的建筑设计事务所。阿尔托是工作、家庭两不误，他的两任妻子都是工作上的搭档，给阿尔托的建筑事业带来很大帮助。他的第一任妻子是位建筑师，名为爱诺·玛西欧，两人于1924年结婚。妻子的加入让阿尔托如虎添翼，爱诺·马西欧的才华主要表现在室内设计上，如著名的玛丽亚别墅的内部设计和帕米欧疗养院的家居设计都有她的参与。第二任妻子埃莉莎让阿尔托从前妻逝世的阴影中走了出来，同时给他带来建筑创作上的灵感。

阿尔托建筑中的地域性十分明显，这与芬兰自然环境有脱不开的关系。芬兰地处北欧，是世界上最北的国家之一，有四分之一处在北极圈内，因此建筑要让人们在室内能享受到最大程度的日照，还要能阻挡极北之地的严寒。芬兰具有"千湖之国"的美誉，据说，阿尔托设计中的曲线就由湖泊外形演化而来。除了湖泊外，约有66.7%的面积被以松和云杉为主的森林覆盖，这里是世界上森林覆盖率最高的国家。这些地域、环境影响，都使阿尔托的建筑风格在现代主义建筑中独树一帜。

从12世纪中叶开始，芬兰在长达700多年的时间里都是瑞典的殖民地，后来瑞典把它转让给俄罗斯。长达数百年的殖民统治，并没有使那些深入民族骨血的传统文化就此消亡。20世纪初芬兰独立，寻找本民族的内在文化迫在眉睫，建筑作为最直观的民族文化表现方式，此时受到了重视，建筑设计竞赛也如火如荼地开展起来。当时现代主义运动方兴未艾，由于芬兰当地实行斯堪的纳维亚民主制度，社会风气也相对自由，社会上既有根深蒂固的传统观念，也有现代主义建筑的新理念。阿尔托以现代主义建筑的国际样式作为立足根基，附加上芬兰本土文化特色，这让他很快在建筑领域脱颖而出。

战争期间肺结核病在芬兰大肆传播，导致了全国大量疗养院的建设，其中帕伊米奥结核病疗养院就是阿尔托在1929年参加设计竞赛时中标的。帕伊米奥

帕伊米奥结核病疗养院

结核病疗养院建于1931年至1933年，它为阿尔托的建筑生涯奠定了坚实基础。

这个世界上最需要温情的地方，应该就是医院，阿尔托将那份温暖融入建筑，让病人获得心灵的抚慰。帕伊米奥结核病疗养院位于市郊的一片森林之中，安静的环境，优美的自然景观，有助于病人的康复。

疗养院大体分为四个区块，各部分之间既不对称也不平衡，分布位置毫无规律可言，由南向北逐渐变窄，犹如分叉的树枝。整个建筑的最南端，是一栋七层高的病房区，我们可以把这一区域当成树枝的主干。这栋七层高的病房楼中，设有290个病床，每间病房住两名患者。把病房设在最南端是为病人考虑，这里不仅能欣赏到窗外的湖泊、森林，还能享受到最好的日照。在这个横排建筑的东端连接着一小排建筑，它的长度大概为病房楼长度的三分之一，朝南倾斜有一定的弧度，这是医院的治疗部。阿尔托考虑到沐浴阳光是治疗肺结核病的一部分，因而在病房的顶楼设有疗养平台，还在向南倾斜的一小排建筑中都设有固定的日光室。建筑从主干上分叉，向北延伸，病房楼的北侧是四层楼高的公共空间，分为行政办公区、医务室、手术室、餐厅、图书馆和公共用房。再往北去，是一道通廊连接起来的建筑，容纳洗衣房、厨房、职工食堂、宿舍。整个疗养院的最北端是一个单层建筑，是锅炉房和暖气设备。

阿尔托认为，这座建筑的主要目标是作为一套医疗设备来使用，建筑师和医生一样，也要对病人负责。因为他曾有过住院的经历，更知道病人需要的是温和的照明、安静的环境、愉悦的色彩和温暖的阳光。

阿尔托认为建筑是服务于人的，"只有当人处于中心地位时，真正的建筑才存在"。阿尔托站在病人的角度来设计病房，在疗养院病人的活动地区，照明设施都尽量避免灯光的直接照射，其中在餐厅中就设计了一个金黄色的大遮光罩，同时灯泡朝向地面的半个球形是乳白色不透明的，这使光线能足够柔和。在房间的盥洗池内，阿尔托经过巧妙的构思，将水流方向的内壁设为倾斜面，这样即使水花溅到上面也不会发出声音，保障了病房的安静与互不影响。疗养院中公共空间里的颜色主要为蓝、黄、灰、白，营造了一种安静的氛围，却又不会显得单调。病房内颜色的设计更加亲和，他想让室内的屋顶变成天空的颜色，让病房不再是死气沉沉，而是生机勃勃，于是在室内采用略带蓝色或者嫩绿的灰色系，温和又舒缓。为了保暖，病房内的窗户都设为双层的，整个房屋只有在对角线上的两个窗户能够开启，自然风从窗户的一角吹入，再从靠近走廊一端的高墙导出，使空气能够对流，这样能够控制风速，避免了自然风对病人的不利影响。他将门把手设为木制的，即使在寒冬也不会觉得冰冷。

阿尔托最初设计的现代化家具也在疗养院里亮相，为了病人呼吸新鲜空气与享受日光而设计的沙发床，与现在的躺椅极为相似。他在设计家具中感受到了与设计建筑不一样的快乐，于是疗养院完成之后，便开始着手设计家具。阿尔托采用蒸汽弯曲木材技术，使家具保持弯曲的有机形体，他将一整条木材连续弯曲，做出一整个结构，这种做法符合大众化的审美需求。阿尔托的现代家具设计非常成功，他为维堡图书馆设计的椅子和凳子直到现在都在生产。

这样贴心的设计，让人感受到精神的愉悦。阿尔托说过："不太会有什么人严肃地否认本能的欢乐，这是审美经验中正当的反应。它跟所有本能活动，创造的快乐，工作的快乐有关。不幸的是，现代人，特别是西方人，被理论分析影响得太深，以至于他的自然洞见力和即时接受力已经非常薄弱化了。"阿尔托希望通过自己的设计唤起人们对建筑中情感的重视，而不是仅重视建筑的外在形式。

阿尔托总能考虑到建筑对人心理的影响，他也将对个体的关怀扩展到整个国家。第二次世界大战期间，苏联进攻芬兰，战争的结局可想而知。作为战败国芬兰不得不割让十分之一的领土，此时的芬兰千疮百孔，重建也极为迫切。阿尔托这位爱国建筑师毅然决然地放弃了美国麻省理工学院建筑系教授的职位，回国参加城市重建。同时第一任妻子的离世也让他将悲愤化为柔情，在重建中赋予了建筑不一样的生命。

阿尔托二战后曾为瑞典与芬兰多个小镇设计市政中心，其中以珊纳特赛罗市政中心最为出名，这个建筑也成了阿尔托最受人称颂的作品之一。珊纳特赛罗市政中心于1952年建成，这个建筑具有非凡的政治意义，因此阿尔托的参赛方案以古罗马议会院席位形式设计。

阿尔托曾在《画家与泥水匠》一文中写道："我不相信那些过去的贵族时代还会回来，不相信汉萨城会重生，也不认为雅典卫城可以建在赫尔辛基。过去的一切都不会重生，但是也不会完完全全地消失。那些曾经的事物常以新形式再现。"这个带有古典主义色彩的庭院式建筑在竞赛中获胜，当时的评审委员隆史泰特和约里奥·林德格伦对阿尔托的参赛作品给予了很高评价，他们认为这个设计在不损整个建筑威严的同时温暖舒适。这是因为阿尔托在空间的运用和材料的把握上都与自然保持着紧密的关系。

珊纳特赛罗位于芬兰中南部，当时大概只有3000人，珊纳特赛罗市政厅坐落在一个地势平缓的山坡上，阿尔托依据地势，将建筑设计为由低到高的楼房。建筑主要由"一"字形和"U"字形两部分建筑围成了一个庭院格局，"用一个围合的庭院作为主题，因为有某种神秘的原因，庭院从古代克里特、希腊、罗马，一直到中世纪和文艺复兴，都保持了它重要的意义。"这个庭院并非简单地由四周建筑围起来一片空地，阿尔托在建筑中心建了一个人工小山丘，然后将山丘整平，人们想要进到市政厅，首先就要跨过几层台阶。市政中心有两面台阶入口，主入口是东南角由花岗岩建成的阶梯，另一个入口在西面，台阶上则长满青草。阿尔托想体现市政厅的两个特性，一方面代表着权力

珊纳特赛罗市政中心

与威严，另一方面则体现着亲民、自然。

　　由于战后经济困窘，没有充足的资金，但即使这样，阿尔托也想方设法将建筑设计得更有特色。整个建筑以当地廉价的红色清水砖、木材和铜为主要建筑材料。阿尔托强调红砖的粗糙质感，为了避免砖块整齐排列带来的呆滞感，施工时便做出凸出和凹进的效果，当阳光打在上面，大小不一的阴影如跳动的音符，非常生动。

　　珊纳特赛罗市政厅建筑包括七户住宅、五家商店、一座图书馆、五个办公室和两个政府会议室。其中图书馆分布在"一"字形建筑中，处在整个建筑的南端，向南的墙面使用大面积玻璃窗，接受充足的太阳光线，为阅读的人提供明亮、舒适的环境。倒"U"字形处在建筑的北边，容纳了议会厅、行政办公室、雇员住宅。在市政厅东南北三个方向的建筑底层为出租的商业空间。

　　阿尔托在设计珊纳特赛罗市政厅竞赛时曾说："一个建筑以某些神秘的方式

包围的内院带有强调社区作用的韵味。"被围起来的内院是人们交流活动的场所，设有雕塑和水池，内院几乎是被草地覆盖。由于地理纬度高，为了充足的光照，阿尔托在U型建筑内侧的走廊使用大面积的玻璃窗，一方面增加了室内照明，另一方面也使建筑变得通透而不沉闷。阿尔托对建筑的设计依旧细致入微，在金属的门把手上缠绕着黑色的皮革编制条，围廊内砖砌成的小凳子下是取暖装置，暖气顺着窗台与石凳之间的缝隙上升扩散，让人能在寒冷的冬季感受到贴心的温暖。

当时，芬兰建筑并不高，而阿尔托把议会厅建的足有17米，这并不常见。他的目的很单纯，仅仅是要比锡耶纳市政中心高一米。锡耶纳市政中心是托斯卡纳广场上一栋建筑，阿尔托曾到过托斯卡纳，对这里的建筑心怀憧憬。虽然这样超越的方式看似幼稚，不过阿尔托也不是第一个这么做的人，上一个这样做的就是锡耶纳市政中心的设计者，这位设计者在建造时也特意加高塔楼，来超越佛罗伦萨的塔楼。

由于当地丰厚的森林资源，阿尔托在室内材料上选用相当多的木材。他觉得木材与人一样，吸收天地灵气，具有自然性和温情，它能更好地让人与自然相融。阿尔托非常推崇比利时设计家费尔德，他曾说过："我这个木结构是献给费尔德的，他是我们时代建筑的伟大先驱，是第一个在木结构技术上引起革命的人。"现代的家居设计中，木材的运用十分常见，人们想要在充斥着钢筋混凝土的世界里，寻找一些自然的气息。

珊纳特赛罗市政中心没有其他政治性建筑的大气磅礴，却在建筑史上占据一席之地。它的制胜法宝并非因为是由阿尔托这位名家设计，出身显赫，而是这座政治化建筑中所存有的温情。他曾在演讲中说："所有外在形式的束缚，无论是根深蒂固的风格传统还是源于对新建筑误解而产生的肤浅的标准化，都妨碍了建筑为人类的生存做出最大的贡献，这也因此削弱了建筑的重要性和有效性。"珊纳特赛罗市政厅曾被现象学理论奠基人诺伯格·舒尔茨认为是"表达出强烈的芬兰精神"，这个掩映在重重绿林中的红色建筑，从诞生之日起，便被誉为芬兰民族精神的象征。

"不管是哪一种社会体制在全世界或部分地区流行，在不引起个人自由和共同利益冲突的情况下，都需要一种柔和的人性色彩将社会、城市、建筑，甚至机械制造的最微小的物品融合成一种正面的东西投注于人类心里。这些追求围绕建筑学展开，已达到我们现在可以谈论一种新的、更广泛的建筑学目标的时候，涉及整个世界和其文化危机。我们或者可以说：我们现在到达了这样的阶段，建筑学已重新获得了它在旧日古典文明中享有的地位。"这是阿尔托1950年为一位建筑师致的悼词，也是他建筑理念的阐释。

阿尔托这位大地之子，在他眼中建筑设计的目的已不仅只为居住，他将建筑作为一剂良药，抚平病痛和战争带来的创伤。我们看这位大师的建筑，会去想它是如何设计出来的，或许从《鳟鱼与溪流》中，我们可以窥探到一丝答案。他写道："我花了很多时间获取思路范围，就像是孩子在作画那样。我画了许多种想象的山形地貌，在不同的位置有许多阳光照着山坡，逐渐形成了建筑的主要设想。"阿尔托在思考之间听从本能的信仰，他的信仰就来自芬兰这块生养他的大地。信仰的概念总让人捉摸不透，如空气般看不见，又无法舍弃，但它会在迷茫的时候给人以指引，如一盏灯照亮前方的道路。

阿尔托倚托自然，探求建筑的温情，像一个纯真的孩童，用一支笔在纸上信马由缰，画出对大地的热爱，对世人的慈悲。

梁思成（1901—1972）
为东方古建筑而生

> 建筑是"社会的缩影""民族的象征"。但它绝不仅仅是某
> 一个民族的，而是全人类文明结晶具体形象的保留。
>
> ——梁思成

他是一位为东方古建筑而生的建筑大师，他是一位
为东方古建筑牺牲一切的建筑大师、他对东方古建筑的
热爱是不分国界的，他就是中国著名建筑大师——梁思
成。因为对东方古建筑的热爱，他可以牺牲一切，这不
是每一位建筑大师都能够做到的。这就是梁思成，一个
为东方古建筑而生的人，一个世界建筑之林中不可或缺
的天才建筑师。

梁思成，中国著名建筑大师，中国建筑学界的一代宗师。梁思成的父亲
是大名鼎鼎的戊戌变法领袖之一的梁启超。1901年4月20日，梁思成出生于
日本东京，那是梁启超因"戊戌政变"失败被迫流亡日本的第四年。梁思成
的整个童年时代都是在日本度过的。虽然从小生活在日本，就读于日本的华
侨学校，接受的多是西方教育，但是，梁思成还是在父亲的影响和督促下攻
读完了《左传》《史记》等中国传统经典古籍。这一切无疑为梁思成身上所
具备的中国古文化底蕴打下了坚实的基础。多年以后，费正清先生曾这样评
价过梁思成，说他"既通晓中国古典文化，又懂得作为艺术和科学的外国建
筑"。1912年，11岁的梁思成因父亲梁启超的工作变迁，第一次登上了中国
土地。回到祖国，梁思成就表现出想要学习中国传统文化的愿望。1915年，

梁思成如愿进入北京清华学校（清华大学的前身）进行综合学习。当时的清华学校就是一所留学美国的预备学校，所有在此学校上学的孩子都是贵族阶层，同时也担负着拯救中国的责任。在校学习期间，梁思成不但成绩格外优异，而且还兴趣广泛。其实，北京清华学校就是使梁思成德、智、体、美、劳全面发展的摇篮。受父亲的影响，梁思成也很关心中国的政治。五四运动时，他还是清华学校"义勇军"等爱国组织的中坚分子。1923年，梁思成在清华学校的课时全部修满，被派往美国留学。可是，天有不测风云，同年5月他和同学一起去天安门广场参加了二十一条国耻日的纪念活动，在途中不幸被军阀金永炎的汽车撞伤，致使左腿骨折，他的美国之行不得不推迟了一年。1924年，梁思成离开了中国大陆，前赴美国宾夕法尼亚大学学习。大学期间的梁思成选择了建筑作为自己的主攻方向，在此期间他接受了严格规范的西方古典建筑理论和设计的训练。1927年，凭借着优异的成绩梁思成顺利获得了美国宾夕法尼亚大学研究院建筑硕士学位。但是，这满足不了他对建筑的渴求，拿到大学毕业证后，梁思成很快就到美国哈佛大学研究生院再次进修，在准备《中国宫室史》的博士论文时，梁思成发现研究工作不光是在书本中寻找资料就可以完成的，它是一个长期的工作，必须要到实践中去实地考察。于是，26岁的梁思成做出了一个令常人无法理解的决定，放弃哈佛大学的学习到欧洲进行建筑考察。梁启超见儿子的态度如此执拗，也不想违背孩子的心意，就默许了梁思成游历欧洲。

1925年，对梁启超父子二人来说都是非同寻常的一年。这一年，梁启超因为一次偶然的机会得到了一本重新出版的《营造法式》，这是一部800多年前宋朝刊行的建筑书籍。梁启超觉得此书必定能够帮助儿子梁思成实现梦想，当即托人带给了梁思成与林徽因。与此同时，梁启超还在那本书的扉页这样写道："……一千年前有此杰作可为吾族文化之先宠也，……遂以寄思成、徽因永宝之。"虽然当时梁思成与林徽因还看不懂书中的宋代建筑术语和内容，但父亲梁启超激励的话促使他们产生了研究中国建筑历史的想法。1928年春，梁思成与林徽因奉父母之命媒妁之言永结秦晋之好，两人还在加拿大温哥华举行了隆重的结婚典礼。从此，梁思成的人生路途中不仅多了一个伴侣，还多了一个志同道合的同伴。结束了欧洲的考察后，梁思成夫妇应邀回国到沈阳东北大学创办建筑系，并担任系主任和教授的职务。仿佛此生，梁思成就是为中国的建筑所生的。

梁思成这一生，真正属于自己的建筑作品并不多，可是件件都称得上是精品。他为中国建筑做出的贡献不只是几座建筑作品，更是他那恒久不衰的建筑思想。正如吴良镛先生在《梁思成全集》的前言中写道：梁思成先生是我国现代教育的奠基人之一、中国古建筑研究的先驱者之一、中国文物建筑和历史文化名城保护工作的倡导者及中国现代城市规划事业的推动者、新中国初期几项重大工程的主持人与设计者、新中国一些建筑学术团体的创建者和组织者之一。梁思成设计出来的建筑作品都比较简单大气，具有典型的中国特色与高度的文化内涵。他着眼未来，与时俱进，建造属于中国人自己的建筑。他这一生主要设计的建筑作品有：20世纪20年代的吉林大学教学楼、20世纪30年代的北京大学地质馆和女生宿舍、北京仁立地毯公司改建工程、新中国成立后的任弼时同志墓、中国人民英雄纪念碑、扬州鉴真纪念堂等。

1949年9月30日，中国人民政治协商会议第一届全体会议在首都北京正式召开，会议研究决定，要在首都北京建立一座纪念碑来纪念在人民解放战争和人民革命中牺牲的人民英雄们，并当场命名此碑为人民英雄纪念碑。就在会议召开的同天下午6点，出席中国人民政治协商会议的全体代表在天安门广场前郑重举行了建立纪念碑的奠基典礼。以毛泽东主席为首的政协各单位首席代表一一执锹扬土，奠下纪念碑的基石。因为此碑意义重大，所以中华人民共和国政府格外重视此纪念碑的设计造型，就举办了一场关于人民英雄纪念碑设计方案的竞赛，方案投稿直到1952年，全国优秀的建筑师和专家们共设计出近百种实施方案。这些方案各具特色，巧夺天工，政府通过各种方式征求各界人民的意见后，最后决定采用梁思成的设计方案。

中国人民英雄纪念碑坐落于中国的首都北京天安门广场正中心，就在距天安门南约463米、正阳门北约440米的南北中轴线上。人民英雄纪念碑是一座方形建筑物，建筑总面积已经达到3000平方米。此纪念碑总高度为37.94米，共由三个部分组成，分别是台座、须弥座和碑身。台座是整座纪念碑的基地，位于纪念碑的最下方。它东西宽50.44米，南北长61.54米。整个台座共分为两层，四面均有台阶，被汉白玉栏杆环绕着。上层台座是与整座纪念碑形状相似的方形，下层台座则是典雅的海棠形。在台座的正上方就是所谓须弥座，但是这两层须弥座也不尽相同。上层的须弥座较小，四周镌刻着用牡丹、荷花、菊花、垂幔等组成的八个花环。下层的须弥座较大，在下层须弥座束腰部分的四面都镶嵌着巨大的汉白玉浮雕，这八幅浮雕分别以"虎门销烟""金田起义""武昌起义""五四运动""五卅运动""南昌起义""抗日游击战争"和"胜利渡长江"为主题。在"胜利渡长江"的浮雕两侧，还有两幅装饰性浮雕，分别以"支援前线"和"欢迎中国人民解放军"为题。这些浮雕高2米，总长度为40.68米，雕刻了170多个人物形象，生动形象地概括出了中国人民100多年来为新生活努力奋斗的历史。碑身是这座纪念碑的主体，也是整座纪念碑的精华所在。在碑身的东西两侧上部，雕刻着象征先烈们革命精神万年长存的装饰花纹，碑身的正面（北面）碑心镌刻着由毛泽东题写的"人民英雄永垂不朽"八个鎏金大字，背面碑心则雕刻着由毛泽东起草、周恩来书写的150个字的碑文，碑顶极具民族特色。

1958年5月1日，中国人民英雄纪念碑正式落成。中国人民英雄纪念碑是中国历史上最大的纪念碑，也是新中国成立后首个国家级公共艺术工程。1961年3月4日，中国人民英雄纪念碑由中华人民共和国国务院公布为第一批全国重点文物保护单位。中国人民英雄纪念碑的造型既具有民族风格，又具有鲜明的时代精神，是梁思成在新中国成立后设计建造的第一件建筑作品。

梁思成的一生是值得所有人称赞的一生，没有任何理由，只因为他是一位真正热爱东方古建筑的人。他对东方古建筑的热爱早已突破了世俗，超越了国界，只剩下一片拳拳之情。1944年，美国为了获取对日本作战的最后胜利，开始不顾一切地对日本进行大轰炸，到1945年，已有199座城市遭到轰炸，城市建筑毁坏率平均在40%以上，最高的可达90%。原本以为一切都会

人民英雄纪念碑

灰飞烟灭，荡然无存，可是万万没有想到的是日本古都奈良却完好无损。当人们去探其究竟时才发现，这和梁思成有关。当年，是梁思成劝阻了美军对奈良的轰炸。不仅是总指挥官布朗森上校不理解，就连许多中国大陆的政府高官都不理解，他们说"梁思成到底是在日本长大的，还是会帮助日本的，不是正统的中国人"。面对种种质疑，梁思成是这样解释的："要是从我个人的感情出发，想到四万万中国人蒙受的深重灾难，我是恨不得马上炸沉日本四岛的。然而，一种职业与历史的责任感，让我马上冷静了下来。'建筑'这一词在英语里叫'Architecture'，原是'巨大工艺'的意思。所谓'巨大'并非指它的面积与体积，而是指它是人类社会科学、工程技术和艺术发展的综合体。因而，建筑又是'社会的缩影''民族的象征'。但它绝不仅仅是某一个民族的，而是全人类文明结晶具体象形的保留。我图上所标示的地方，保留着东方最古老的建筑。像奈良的唐招提寺、法隆寺，那是全世界最早的木结构建筑，一旦炸毁，那是永远无法补救的。就像希腊的巴特农神庙，只剩下一些短柱子，它辉煌壮伟的原样，现代人谁也无法见到了。外行人往往误以为完全可以重修再建。然而，在巴特农神庙的残址上，再竖起几根石柱，补上精美雕塑，那就像给维纳斯补上断臂，那还能是巴特农？还能是维纳斯吗？"作为一个著名的东方古代建筑专家，作为一个遭受日本侵略的中国学者，梁思成依旧呼吁保留建立在日本的人类文明的古代建筑。这不仅感动了数以万计的中国人民，也感动了美国军官。所以当一切都化成了灰烬之后，古都奈良依旧完好无损，这都是梁思成努力的结果。很多年后，奈良因其完好地保存众

奈良东大寺

多的古代建筑以及占有全日本十分之一的"国宝"级文物，而被宣布为世界历史文化名城。

　　梁思成的一生是幸福的一生，这不仅仅是因为他在建筑上获得了巨大的成就，还因为他的一生有两个非常爱自己的女人：一个是林徽因，另一个是林洙。这两个女人一个陪伴了梁思成前半生，一个陪伴了梁思成的后半生。一个是志同道合，一个是牵伴一生。

　　1972年1月9日，古稀之年的梁思成带着对东方古建筑的热爱永远地离开了我们，人虽逝去，但是却给亿万中国人民留下了不朽的建筑作品以及建筑精神。

路易斯·康（1901—1974）
用生命来书写建筑

> "对我来说，建筑不是事务，而是我的宗教，我的信仰，我为人类幸福、享乐而为之献身的事业。"
>
> ——路易斯·康

在华盛顿特区美国建筑师协会总部大厅的大理石上，郑重地镌刻着这样一个名字——路易斯·康。他不仅是美国建筑师学会金质奖章的获得者，也是美国文艺学院院士的获得者。他是建筑师，也是诗人。在这个世界上，绝大多数建筑师都是用自己的建筑作品来影响当代或者后代，改变一代或者几代人的居住环境。尽管，许多建筑师都有属于自己的建筑论作或文章，但是它们的影响都远不及建筑作品对后代的影响。而路易斯·康对世界的影响不仅来自于他的建筑作品，也来自于他独特的建筑思想。

路易斯·康是一位享有"建筑界的诗哲"称号的美国著名现代建筑大师。1901年2月20日对于很多人来说都是一个平凡的日子，但是对位于大西洋上的爱沙尼亚萨拉马岛上的康家却格外重要，因为这天他们迎来了家族里的新成员——路易斯·康。那时的萨拉马岛还处在波兰政府的统治下，新生儿的到来无疑给这个饱受压迫的小岛带来了新的希望。康出生在一个犹太贵族家庭，他的父亲就是一位虔诚的犹太教徒，母亲伯莎·康系名门之后。路易斯·康自幼就是在家族的文化熏陶下长大的，当然这也为他后来的文学修养奠定了基础。康的母亲伯莎是一位才能出众的竖琴演奏家，与德国浪漫主义作曲家费列克斯·门德尔松有割舍不断的血缘关系。所以康从小就对音乐特别敏感，直到他成为建筑师后，也经常会不由自主地将建筑设计与音乐联系起来，来表达他对建筑的理解。除了音乐方面的专长外，康还对文学特别痴迷。康的曾祖父摩西·门德尔松是18世纪德国启蒙运动中有名的犹太哲学家，在这样的家庭背景的熏陶下，康能够成为"建筑界的诗哲"并不是偶然。1905年，年仅4岁的康随着父母移居到美国费城，成为美国"第一代移民"。

1912年到1920年间，康先后在费城的费拉德尔菲亚中心和公立工业艺术设计学校求学，在此期间康显现了惊人的绘画天赋。康的绘画作品经常获奖，这使得一些老师不得不对这个移民来的孩子刮目相看。在结束中等教育之前，康就获得了费城艺术学院的艺术奖学金，具备了可以成为建筑师的先决条件。1924年，康顺利拿到了美国费城宾夕法尼亚大学的毕业证书，随后就进入费城J·莫利特事务所工作，1926年接手费拉德尔菲亚建城150周年纪念的规划设计工作。和那个年代的绝大多数青年一样，工作四年后的康也不安于只当一个设计助手。1928年，康毅然决然地辞去了J·莫利特事务所稳定的工作，只身前往欧洲考察。将近十年之后，34岁的路易斯·康回到了美国，在费城开办了属于自己的建筑事务所。但是好景不长，第二次世界大战一触即发，建筑事务所无法再支撑下去，康先后选择了与乔奇·豪、奥斯卡·斯东诺洛夫等人合作，开办联合建筑事务所。在与城市规划工作者如克莱仑斯·斯登、亨利·莱特等人的接触中，康也接触了一些城市开发性的设计。这20年成为了康的奋斗岁月。

战争时期，全国的建筑事务所都要为战争服务，不仅不能过多地使用建筑材料，还要顶着生命危险。在此期间，康还与人合作在费城、华盛顿特区和宾州的其他城镇为那些无家可归的人们设计建造过一些临时住宅。他也曾为一家制造厂商设计过成批生产的"战时房屋"，但都湮没在无情的战火中。经济大萧条时期，联合建筑事务所和其他几家事务所共同租用一座老房子的顶楼，并与《晚间新闻报》比邻。因空间拮据，建筑室与报社休息室、午餐用房只能用纤维板隔开，工作时还可以听见活字排版机的声响。更使人难以忍受的是与建筑室相邻的还有一座公用厕所，平时就恶臭难闻，更别说到了酷暑。事务所白天可以借助北侧、西侧的窗户照明，夜间就不得不使用吊在绘图桌上方的刺目灯泡。建筑事务所的绘图人员就是在这样的环境下工作，每个星期都会工作60个小时以上，就连路易

医学大楼

斯·康本人也不例外。路易斯·康从来没有星期天，每到周末他都会对手下的员工说："来啊，干上一两个小时。"绘图员D·惠斯回忆道："康没日没夜地与绘图员一起工作。嘴里不是一支雪茄，就是一支卷烟。手中是一支软铅笔或炭棒。他总是一边叙述着自己的理论、原则，一边一遍又一遍地在草图上画上永无休止的线条。有时，一个成熟的念头随着铅笔或炭笔逐渐明晰地出现在纸上。有时，可能依然是一纸混沌，有待于绘图员再画成草稿来和路易斯·康作另一轮摸索。"

康的生活如潘多拉魔盒一般，从出生起就开始了梦魇。不经过锤炼如何成为好钢？而路易斯·康这一炼就是30年。在美国经济大萧条的年代，康并没有太多机会去施展自己的才华。在历经30年的彷徨与摸索之后，路易斯·康终于迎来了他人生中的春天。他相继主持设计了耶鲁大学美术馆、孟加拉国达卡国民议会厅等一系列著名建筑。1947年，36岁的康被聘为美国耶鲁康涅狄格州纽黑文耶鲁大学的教授，并负责设计耶鲁美术馆的扩建工程。谁也不曾想到耶鲁大学美术馆的扩建工程使路易斯·康在建筑界中声名鹊起。

耶鲁大学美术馆位于美国康涅狄格州纽黑文耶鲁大学校园内，是目前西半球最大最古老的大学艺术博物馆。它建于1832年，是由约翰·特朗布尔捐献完善的。除了捐赠近百幅事关美国革命的绘画作品外，约翰还设计建造了老校区的老馆，但是在1901年因学区建设的需要老馆被规划师们强行拆除了。现在的主馆楼，就是由路易斯·康在1953年设计建造的。在耶鲁大学美术馆扩建之前，

刚经历军事与经济萧条洗礼的美
国，对新建筑的建造几乎为零。对
于老馆的改建，康的设计在现在来
看并不如意，但是主馆楼馆、内馆
与室外草坪的设计将路易斯·康独
特的建筑理念显现得淋漓尽致。康
大胆地采用玻璃与钢这些现代主义
建材，为古老的历史注入了新鲜的
血液。图书馆大厅的顶端并没有完
全封闭，阳光直射而下，就像是头
顶着光辉，安静、凝神，充满了神
秘的韵味，但是康并没有把此地处
理成一个苦修的地方，他用淡黄色
的橡木把空间有韵律地分隔开来，

达卡国民议会厅

使这个学习的地方变得更加神圣。新馆的设计建造更显出康在建筑设计中的非
同凡响。他巧妙地隐藏了美术馆的骨架，将那些在建筑中较为次要的元素，如
墙、地板等赋予了新使命，他打破了对称的布局，通过特殊的处理来掩饰原有
的对称秩序。修建好的美术馆显得格外的安静，笼罩着灵性的氛围。

　　耶鲁大学美术馆对战后的美国建筑界有着重要的纪念性意义，它不同于那
些外表庸俗却风靡全球的建筑作品，而是以特别的外在形式来体现建筑的内在
特性。扩建完成后的美术馆，给人更多的是光明与美好，人性化的环境设计使
阅读更加舒心。繁琐的设计丰富而不赘余，一切都显得那么的朴素和温稳，就
像一首清扬的小提琴曲，给人一种家常的甜蜜。

　　耶鲁大学美术馆扩建的完成使路易斯·康的名字得以在20世纪50年代的
建筑界名声大噪，而费城宾州大学理查德医学研究大楼的设计，更使康的名
字在当时建筑界轰动一时。路易斯·康于1957年开始设计费城宾州大学理查
德医学研究大楼，短短4年间，康就完成了医学研究大楼的所有建设工程。与

耶鲁大学美术馆

耶鲁大学美术馆主馆的设计不同，医学研究大楼注重的是空间与空间之间微妙的关系。它重点展示了"医生区域"与"病人区域"的不同，康在此突破了"国际式"的一般手法，创造性地提出了"主空间"与"辅空间"的概念，而每个空间又有它们所依附的塔。所谓"主空间"就是指包括周围环境在内的"病人区域"，而"辅空间"就是为"病人区域"服务的"医生区域"。这两个区域看似泾渭分明，实则可以通过连接的廊道方便地工作。当然，空间所依附的塔楼设计也非比寻常，蜿蜒不定的塔身给人一种和谐的韵律美。人们惊叹于这鬼斧神工的设计，把它称为"二战后美国最完美的建筑"，却不曾想到，1961年设计建成的费城宾州大学理查德医学研究大楼就是"费城学派"的奠基之作。

路易斯·康对自然界中的光掺杂着一种特殊的情愫，他真挚地认为，光是人与神对话的载体，是人性与神性可以共同显现的具象化领域。艺术作品本就是应该放在太阳光下去欣赏的，这样才能达到"人—美术—自然"相互融合、彼此促进的效果，阴暗、湿潮的角落永远找不到艺术的真谛。建筑师出身的康对光的应用已达到出神入化的境界，不仅如此，他还多次对他的学生这样讲："进入房间的光只能是该房间本身有的光"。诚然，在康的很多作品中都可以看到他在极力诠释这一设计理念，希望人们可以从中看到建筑物本身释放的魅力。其中，以金贝尔美术馆为最。这个集"光"理念于一身的建筑，在耀眼的阳光下绽放着自信的光芒。金贝尔美术馆是由当时工业家兼收藏家金贝尔捐献建造的。很多年前，金贝尔就在福特沃斯城建立了一个有关收藏的基金会，并且把他的收藏品和财产悉数捐给基金会，他想建造一个收藏馆，还希望这个收藏馆可以成为一个著名的建筑。为了满足这一愿望，1966年，基金会的博物馆执行官理查德·布朗博士找到了路易斯·康，并且委托康来设计建造这个收藏馆，虽然这个计划在1966年就开始进行设计，但是因为各种原因直到1969年中期收藏馆才开始破土动工。

金贝尔美术馆现位于美国德克萨斯州沃思堡的郊区，在一个旷达并且景色优美的公园内。它完成于1972年，人们对这个美术馆的赞美几乎穷尽了世间最美好的词汇，对它的喜爱更加肯定了路易斯·康的建筑理念。在众多的建筑材料中，康只对清水混凝土情有独钟，喜欢它的可塑性，更爱它所具有的自然属性。这种给人第一感觉就是非常厚重的材质难倒了一批建筑师，但是康对它的把握却游刃有余。金贝尔美术馆整体上就是用清水混凝土建造完成的，但是却没有给人那种习以为常的厚重感，而是以一种娴静、优雅的姿态打动着人心。康大胆地将混凝土柱和薄壳形拱顶结构裸露在外，而不担任承重角色的墙体全部采用了罗马灰化石和玻璃板，为的就是满足不同空间和位置对光的需求。灰化石与玻璃和混凝土之间没有过强的对比，三者相得益彰，所形成的空间质感、肌理近乎一样。美术馆的外部不仅美观，而且建筑构造也十分科学、严谨，很好地将对称建筑的稳定感表现了出来。但是在馆内，康却一改常态。为了将窗外的自然光线直接引入室内，康不惜使用尺度相对高大的半筒形式，直接将顶部的光散漫地倾斜而下，使室内空间变得梦幻而通透。连续的拱顶以相同的格调重复出现，在九米多长的空间中进行着自由的排列组合，光引发了空间的节奏感，室内空间也随着外部环境的变化而变化。

金贝尔美术馆是路易斯·康对光应用的完美模本，《静谧与光明》这本书曾评价"金贝尔美术馆是路易斯·康对光的献礼"。该美术馆不仅在机构与功能上达到一致，并且还被视作是对古罗马的追忆，它是光与清水混凝土共同缔造的神话。

事实上，康不仅单纯地热爱清水混凝土，他还热爱一切能给人带来厚重感的建材。他在耶鲁大学做教授的时候曾这样问自己的学生："你们知道砖的梦想吗？"然后，他又自己解释说："每个砖都有梦想，它们梦想着自己能够超越仅仅是砖的命运。"就像康的人生一样，他的梦想是自己能够超越仅仅是建筑师的命运。时代将路易斯·康折磨得体无完肤，但同时也成全了康的非凡成就。许多与康同时代的人都向命运低下了尊贵的头，竭尽所能、想尽办法地去迎合"国际建筑"新潮流，生怕一不小心就被潮流所驱赶。但是，康却一意孤行、背道而驰，他并没有屈就于现代主义运动的大旗之下，而是博采众长，将所学融会贯通，开创了属于自己的建筑风格。不得不承认，康的整个艺术设计精神仍然归属于古典主义与浪漫主义。

　　大器晚成的康于20世纪50年代起开始担任宾州大学和耶鲁大学建筑学教授。在做教授的这些年里，康将自己的毕生所学都如数教给了自己的学生，为世界建筑之林培育了一批批建筑人才。除了是一位顶级建筑大师外，路易斯·康还撰写过很多部关于建筑的著作，如《建筑是富于空间想象的创造》《人与建筑的和谐》《建筑、寂静和光线》等。他曾经在自己的书中这样写道："音乐与建筑具有非常相似的特征，作曲家记下乐谱，是为了使自己创作的音乐能够得到复现，而建筑师在创造一座建筑时，同样也希望在空间与光影的变化中寻找到和谐的旋律。"他说："对那些低能的建筑师来说，建筑不过是挣钱的来源。而不像它所应该的那样——创造美感和艺术。对我来说，建筑不是事务，而是我的宗教，我的信仰，我为人类幸福、享乐而为之献身的事业。"

　　路易斯·康用这些诗意的语言注解了自己的建筑理念，他的一生，宛如一曲长歌行。

奥斯卡·尼迈耶（1907—2012）
给建筑赋予梦想的建筑大师

建筑需要的就是梦想，否则什么都不会存在。

——奥斯卡·尼迈耶

对于一个建筑师来说，怎样的成就才能算得上辉煌，不知道修建一座城市算不算？每一个人都有梦想，不知道一座建筑可不可以有梦想？他似乎就是为巴西利亚那座城市所生，就是为建筑可以拥有梦想所战。他忍受得了默默无闻，也经受得住盛誉满载。他就是为建筑赋予梦想的建筑大师——奥斯卡·尼迈耶。

巴西建筑大师奥斯卡·尼迈耶，拥有着"建筑界的毕加索"的美誉。1907年12月15日，尼迈耶出生于巴西的里约热内卢。父母都是地地道道的葡萄牙人，尼迈耶的家在当时非常富裕。从小尼迈耶就表现出了对艺术和文学的热爱，他对法国著名诗人夏尔·波德莱尔的诗的热爱几乎达到了疯狂的程度。在那个并不注重精神文明发展的年代，小尼迈耶的父母非但没有阻止儿子热爱艺术、文学的行为，反而给予了他极大的帮助。1930年，尼迈耶顺利考取了里约热内卢国立美术学院，专攻建筑学。在校期间，尼迈耶是知名建筑师、规划师卢西奥·科斯塔建筑师事务所的无偿工作者。1934年，尼迈耶凭借优异的成绩取得了里约热内卢国立美术学院的毕业证书，与此同时，他也如愿进入了卢西奥·科斯塔建筑师事务所工作。老板科斯塔非常赏识这个年轻能干的小伙子，给予了尼迈耶最无私的帮助与提携。他邀请尼迈耶参与了很多设计项目，这些设计项目都使得初出茅庐的尼迈耶获益匪浅。

　　1936年，对于奥斯卡·尼迈耶来说非同寻常，因为这年他不仅结识了著名的瑞士籍建筑大师勒·柯布西耶，还找到了表达自我的有力工具。因为巴西教育卫生部大厦设计的需要，科斯塔请来了柯布西耶做工程顾问，并要求尼迈耶做柯布西耶的助手。在柯布西耶离开巴西后，尼迈耶继科斯塔之后任设计组负责人，并主持完成了后续的工作。其实，最初勒·柯布西耶提出了两个实施方案：一个是海边选址的高层建筑，一个是内地低层建筑。但是常年居住在巴西的尼迈耶委婉地向柯布西耶指出这两个方案的不可实施性与不代表民族特色性，并大胆地提出了自己的改良方案。柯布西耶愉快地接受了尼迈耶的建议，并赞赏尼迈耶非凡的建筑才能。建成后的巴西教育卫生部大厦，果然与预期一样既具有现代主义特色又具有巴西地方民族特点。巴西教育卫生部大厦是里约热内卢的地标之一，公认的巴西首座重要的现代派建筑，它于1985年更名为卡帕内玛大厦。事后当人们问及尼迈耶为什么可以这么大胆勇敢地提出自己的想法，尼迈耶是这样回答的："首先，我认为勒·柯布西耶不是那么小气的人。其次，我们都希望做些特殊的，或许是为了表明我们不仅仅是简单的为欧洲人和北美人涂上油彩表演舞蹈的土著。"

　　1937年，在毕业后的第三年，尼迈耶终于有了第一座属于自己的建筑作品，那就是小有名气的里约热内卢妇幼医院。里约热内卢妇幼医院是由两座楼房组合而成的，这两座楼房分别是四层与两层结构建筑，虽说同样是楼层建筑，但是设计布局却大不相同。四层楼房的这座被尼迈耶设计成了下部是由圆柱支撑的建筑，两层楼房的那座房顶却被尼迈耶设计了一个露天花园。这一设计的出色程度震惊了当时的巴西，促成尼迈耶在巴西开办了一个属于自己的建筑师事务所。事务所发展得非常顺利，仿佛是上天眷顾，尼迈耶在建筑这条路上走得并不坎坷。1939年，奥斯卡·尼迈耶与西奥·科斯塔再度联手，共同设计建造了纽约世界博览会的巴西馆。时任纽约市市长的菲奥雷洛·拉瓜迪亚见到此馆后惊叹不已，喜欢得不能自已，亲自赠送给了尼迈耶一套象征着纽约市的钥匙。其实关于这个展馆的设计还有一个鲜为人知的故事。在展馆最初的设计竞赛中，尼迈耶并没有一举夺魁，获得第一名的是他的贵人、老朋友兼对手的科斯塔。值得人们赞叹的是，科斯塔并未以老资格居功，他认为尼迈耶的大坡道设计要优于自己的设计，或许是这个世界上越优秀的人就越能看见对手的长处，所以科斯塔决定与尼迈耶合作，共同设计建造巴西馆。但是，展馆最终的设计定稿还是由尼迈耶自己完成的。尼迈耶面对着漫天狂卷的赞扬并没有自鸣得意，他说："我的目标就是要设计出与众不同的建筑，最大努力挖掘混凝土结构所能够表现出的技术潜能。"也同样是因为这次的展馆设计，尼迈耶结识了巴西当地的行政首脑，这个人就是巴西后来的总统儒塞利诺·库比契克。库比契克慧眼识珠，他认准了尼迈耶的建筑设计才能不会就此停滞，他会在建筑设计上取得更大的成就。当然，这也为尼迈耶可以成为巴西新首都巴西利亚的总建筑师埋下了伏笔。

正如库比契克总统所预见的一样，尼迈耶的建筑才能随着时间的前进一点点释放出来。1947年，在勒·柯布西耶的大力推荐下，尼迈耶有幸参与到纽约联合国总部大厦的设计中来，与中国建筑大师梁思成等人共同组成了十人设计小组。最初，尼迈耶的32号方案一举中标，但是因为众多建筑大师齐汇，迫于压力，尼迈耶最终还是放弃了自己的方案，转而与另外两位建筑大师合作23+32号方案。当然，新方案还是以尼迈耶的32号设计结构为主，中间只是掺杂了柯布西耶的23号方案的设计思想而已。因为这样一个机会，尼迈耶开始陆续收到一些来自美利坚合众国的委托单，例如加利福尼亚的特里门别墅等。尼迈耶对新建筑形式的追求已达到了走火入魔的地步，他喜欢对曲线加以应用，固执地认为曲线才是这个世界上最完美的线。他曾经在《曲线时代》中这样解释自己为什么会如此钟爱曲线："吸引我的是流动、感性的曲线。就像我们国家起伏的山丘、美丽的女人身体、天空的云彩和海中的波浪。整个宇宙由曲线组成——爱因斯坦的弯曲的宇宙。"但是，他并没有意识到太夸张的建筑设计形式既不能够被所有人喜欢也不易修建。比如说圣保罗市的国际展览中心就是一个很好的例子。因为展览中心的建筑过于夸张，想象力太强了，使建筑工人们都不知道如何施工，最终只能以不可以完工草草收场。虽然这是尼迈耶建筑设计中的一大

纽约联合国总部大厦

缺憾，但是它确实给尼迈耶的建筑设计敲了警钟。

在这个世界上，每一位伟大的建筑大师都拥有一个自己建筑师生涯的巅峰时刻。而奥斯卡·尼迈耶这一生的巅峰之作就是巴西利亚。

巴西是一个民族大熔炉的国家，它的居民绝大多数都是移民而来的，这些移民分别来自欧洲、非洲、亚洲等国家和地区，所以它的文化具有鲜明的多重民族性。因为历史遗留的问题，直到1889年巴西才完全独立。历史上，巴西曾有过两个首都，一个是位于中东部沿海的萨尔瓦多，另一个则是南部沿海接近大西洋港口的里约热内卢。可是，这些首都全部严重偏离内地直接影响到了对内地经济、文化、政治的带动力。其实，早在1822年，巴西取得独立后，巴西人民就提出了迁都的要求。但是，因各种阻碍因素横亘，迁都要求不被允许。20世纪50年代初，随着重工业的迅猛发展，巴西进入到了经济腾飞、文化繁荣、言论自由的鼎盛时期。1956年，刚刚上任的巴西新总统儒塞利诺·库比契克是一个热情且富有理想主义的政治家，他决定将1891年巴西宪法中的理想首都计划付诸实施——将巴西首都从南部沿海的里约热内卢迁到中部高原的一片空地上。

因为1939年的相遇，库比契克总统一下子就想到了奥斯卡·尼迈耶，他希望他们可以共同为巴西打造一个现代化的首都——巴西利亚。但是尼迈耶觉得自己在许多方面还存在着严重的不足，就拒绝了巴西利亚的规划任务，推荐了自己的老朋友卢西奥·科斯塔，他表示自己更愿意担任主要的建筑设计并且领导评审团。虽然，在评选的过程中矛盾、争议不断升级，但是尼迈耶还是力排众议确保了科斯塔的规划师地位。而尼迈耶也如愿担任了设计巴西利亚这座城市中主要公共建筑的任务。

新都巴西利亚就是从一片灌木丛生的土地上诞生的。巴西利亚按规划一共用地152平方公里，从空中俯瞰，整座城市的布局就像是一只掠翼的飞机，沿两条相互垂直的轴线向周围延展。整座城市完全坐落于这架飞机上，两条轴线的焦点就是这座城市的"心脏"，在"心脏"上是高达四层疏导交通的立体交叉口、商业中心、文化娱乐中心、公共客运站、体育场等人流聚集场所。其中，一条轴线与"两机翼"重合向南北延展，各有5公里长，是一条贯通城市南北的公路轴，公路旁建造了几组不同的类似于长方形的居住街区。另外一条轴线则是沿着"机身"东西方向延伸的纪念碑轴，足有6公里长。在"机头"处，由立法、司法、行政三大机构组成的三权广场、议会大厦、最高法院和总统府四足鼎立，"机身"就是中央政府的办公大楼，"机尾"则是城市的铁路客运站和一些小型工厂。在"机翼"与"机头"的所指之处都有大小各异的人工湖，那些独栋别墅就分布其中。有人说是"机头"前流着帕拉诺亚河的人工湖确定了新都巴西利亚的最终位置，也有人说人工湖是后来挖凿的，众说纷纭，各不相同。无论谁对谁错，总之巴西利亚的规划是那么的完美统一。这个规划明显是受到了勒·柯布西耶的现代主义城市思想影响，柯布西耶认为：现有的所有城市都是垃圾、混乱、丑陋、毫无功能性的，必须按照严格的功能规划和非凡的美学诉求缔造全新的城市。诚然，新都巴西利亚没有被旧城市所影响，因为它根本没有旧城池，新城市是它，旧城池也是它。从来没有一座城市可以像巴西利亚这样，一夜间迅速"丰满"。它是巴西人民共同打造的"未来之都"，是巴西人民的乌托邦。

1960年4月20日，儒塞利诺·库比契克总统在巴西利亚的落成仪式上将职位交给了下一位任职的总统。这座建立在海拔1158米的巴西中部的现代化新城只耗时三年零一个月，它就是一架昂首蓝天的飞机，载着巴西人民向着美好的未来展翅高飞。巴西利亚就是奥斯卡·尼迈耶与卢西奥·科斯塔在空白纸上的素描，没有人能想象出它的形状，但是尼迈耶与科斯塔却将它变成了现实。建成后的巴西利亚为世人所震撼，俄罗斯宇航员尤里·加加林曾在1961年到访过此地，他由衷地感叹到："我觉得自己是踏上了另一个星球，而不是地球。"

巴西利亚到目前为止一直居于世界上最大的建筑工程之首，1987年，新都巴西利亚建成未到30年，就被联合国教科文组织列入了《世界文化遗产名录》，成为了史上最年轻的世界文化遗产。

据巴西一家早已破产的报社记载，"尽管巴西利亚建成之后的很长一段时间里，人们都无法认为它是一座城市，因为它似乎连道路都没有；尽管当初巴西利亚的官员和政治家还试过一到周末便逃去里约热内卢或圣保罗享受，就连建筑业和服务业的低收入人士也要跑到离巴西利亚30公里以外的贫民区欢度周末，因为巴西利亚过于荒凉"。就连它的首席建造师奥斯卡·尼迈耶也曾经这样说过："老实说，我喜欢里约热内卢甚于巴西利亚，我喜欢它的这种混乱，甚至是暴虐。但如果您和巴西利亚的居民谈话，他们却不想离开他们的城市。他们说，巴西利亚的天空似乎比别的地方更大。并且，这座城市确实能使您相信这里的空间更大。这儿还有学校和购物商场，事实上生活更有秩序。唯我自己别无选择想要海滩、山冈以及混乱，我仍然希望自己生活在里约热内卢。"但是，无论如何，这都改变不了巴西利亚这座城市规划具有高度完整性的事实。

1964年，巴西军政府登上历史舞台，发生政变，极力打击左翼领导人，奥斯卡·尼迈耶首当其冲遭受到了迫害。被逼无奈，尼迈耶只得流亡海外，移居欧洲。在此期间，他依旧没有放弃建筑事业，相继为法国、意大利、阿尔及利亚等地设计了一些建筑物，比如1966年法国的法国共产党总部、1968年米兰的蒙达多利出版社大楼。尼迈耶的女儿是一位出色的装饰设计师，或许是受女儿的影响，尼迈耶也曾一度痴迷于家具设计。他曾经多次和女儿合作设计带有弹性腿的皮质沙发。直到1980年，国内政局稳定，尼迈耶才又拖家带口地回到了巴西。1985年，尼迈耶痛下决心，决定永久定居在里约热内卢。但他是如何也放心不下巴西利亚的，年近80岁的尼迈耶还拖着年迈的身躯为巴西利亚设计了一个休息区和一个一次能容纳5000人的露天剧场。奥斯卡·尼迈耶是在用生命来热爱建筑设计

巴西利亚城市规划

的，即使已近百岁的他还是为自己安排了每周6天、每天9到10个小时的工作时间。2012年11月2日，尼迈耶因为重感冒住进了里约热内卢的一家医院。2012年12月5日晚9点55分，尼迈耶因呼吸系统并发症在里约热内卢病逝，享年104岁。

在奥斯卡·尼迈耶近80年的建筑师职业生涯中，他一共设计建造了600多座建筑，遍布全球十几个国家。他不仅是一位想象力丰富的建筑师，还是一位超越逻辑的艺术家。他一生所获荣誉无数，其中包括：1988年获得的普利兹克建筑奖、1998年获得的英国大不列颠皇家建筑学金奖和2004年获得的日本美术协会主办的世界文化奖。

奥斯卡·尼迈耶的至理名言就是："建筑需要的就是梦想，否则什么都不会存在。"这句话是对他自己说的，也是对这个世界上每一位建筑师说的。

埃罗·沙利宁（1910—1961）
用一生追求创新

> 唯一使我感兴趣的就是作为艺术的建筑，这是我所追求的。我希望我的有些房屋会具有不朽的真理。
>
> ——埃罗·沙利宁

在这个世界上，每一位著名的建筑大师都会有属于自己的建筑风格，建筑风格是他们一生建筑的标志，同时也是他们人生的主题。但是，在这个世界上，还有一个人却不愿墨守成规，他不为功利所驱使，将建筑事业当成是自己的生命去热爱，他的一生就是用来不停地追求创新，追求新的建筑风格。虽然他的一生始终都没有一个固定的主题，没有形成一个特殊的建筑标志。但是，这一切都不影响他成为一个世界知名建筑大师。他就是美国著名建筑大师埃罗·沙利宁。

埃罗·沙利宁，美籍芬兰裔建筑师。1910年8月20日，沙利宁出生于芬兰柯科鲁米一个极具艺术氛围的家庭中。他的父亲埃里尔·沙利宁是一位著名的建筑师，母亲则是一位雕塑家。或许是因为遗传基因良好，或许是因为家庭氛围的因素，总之，沙利宁自小在艺术设计方面就表现出了非凡的才能。1922年，刚满12岁的沙利宁参加了他人生中的第一个设计比赛——瑞典火柴盒设计比赛，赢得了他人生中的第一个第一名。喜上加喜的是同一年他的父亲老沙利宁也因为参加芝加哥论坛报大厦的设计竞赛获得了较好的成绩。这两件事情集聚在一起的结果就是促使老沙利宁下定决心去一个新兴的国家发展，那个国家就是美国。

1925年，在老沙利宁的坚持下，沙利宁全家都搬到了美国的密歇根州。因为父亲在堪布鲁克艺术学院任教，所以，可以说小沙利宁就是在艺术学院内长大的。受父母职业的影响，小沙利宁不仅跟着父亲学习过建筑，还跟着母亲研习过雕塑和家具设计。虽说是技多不压身，可这却使得沙利宁在未来职业的选择上摇摆不定。1929年，沙利宁下定决心要跟随母亲的步伐到法国巴黎学习雕塑。谁知一年以后，沙利宁就后悔了，放弃学业跑回了美国。他向父母这样解释自己辍学的原因：这个世界上最适合我的职业是建筑而不是所谓的雕塑。上天总是眷顾有准备的人，经过一年的努力学习后，沙利宁如愿考取了美国耶鲁大学的建筑学学士班。1934年，凭借着优异的成绩，沙利宁不仅顺利获得了耶鲁大学的毕业证书，还获得了为期两年的旅游奖学金。在这两年间，沙利宁一边在欧洲游玩，一边体验着欧洲大陆上出现的各种新式建筑。1936年，沙利宁返回了美国，并成为了堪布鲁克艺术学院的设计专业讲师。

沙利宁真正开始建筑师生涯是在1937年，那一年，他加入了父亲老沙利宁的建筑师事务所。1941年，因发展需要，沙利宁与父亲在密歇根州安阿伯合办了新的建筑师事务所。虽然沙利宁和父亲一起创作过很多经典作品，例如纽约水牛城的科林汉斯音乐厅、印第安纳州哥伦布市的基督教堂等。但是，那时的沙利宁为了迎合父亲的设计风格，极度压抑了自己对新建筑风格追求的渴望。在从事建筑设计的同时，沙利宁也不忘温习家具设计。1940年，30岁的沙利宁荣获了由美国现代艺术博物馆举办的家具设计竞赛中的优胜奖。第二次世界大战期间，沙利宁也像大多数美国青年一样，被征入伍，不过还好沙利宁主要在后方工作，闲暇的时候，依旧可以从事建筑设计。二战结束后，沙利宁开始尝试着一个人接手建筑工程设计。1950年，沙利宁失去了敬爱的父亲，就像失去了主心骨，面对着偌大的建筑师事务所他是那么的手足无措。但是，痛不欲生的沙利宁并没有放弃自己所爱的建筑事业，而是勇敢地挑起了事务所的大梁，接手了建筑师事务所留下的大部分建筑设计。后来，他离开了令他伤心的密歇根州安阿伯合，独自一人前往了密歇根州伯明翰，开办了一家属于自己的建筑师事务所。沙利宁一生都在追求设计风格的创新，没有了父亲的约束，他更是肆无忌惮，以至于他一生都没有形成属于自己的建筑风格，但这并没有影响到

华盛顿杜勒斯的机场候机楼鸟瞰

沙利宁成为一位知名的建筑大师。

基提恩博士曾经说过这样一句话："每个时代都具有冲动，想创造纪念碑式的符号，纪念性的要求是难以压抑的，它会不惜任何代价寻觅出路。"无独有偶，1923年柯布于所著的《走向新建筑》也写道："建筑超越功利主义的需求，艺术溶于其中。"沙利宁也曾说过这样一句话："唯一使我感兴趣的就是作为艺术的建筑，这是我所追求的。我希望我的有些房屋会具有不朽的真理。"可见，创新并不是一个人的事，而是所有人的事业。

沙利宁这一生设计过一系列不为功利所困的新颖独特的建筑作品，比如1952年设计的麻省理工学院的礼堂和小礼堂。学院礼堂被沙利宁设计成了典型的圆形建筑，它的外壳就像是一个八分之一的球体，但是这个球体却只有三个支撑点。这样大胆个性的建筑是许多建筑师可望而不可及的，因为它的出世不是使建筑师功成名就就是使建筑师身败名裂。礼堂外形的完整统一使人很容易误认为其内部空间也是一个整体，其实不然。礼堂内部被分成了两层，而每一层也因为功用的不同被隔成了不同的空间。又比如1958年设计的耶鲁大学冰球馆，这个冰球馆有着世界上独一无二的造型。谁也没想到沙利宁会采用最难的悬索结构，他沿着球场的纵轴线延伸了一根钢筋混凝土拱梁，将悬索分两侧垂下，固定在观众席上。耶鲁大学冰球馆的造型集奔放与舒展为一体，既表现出了冰球馆的独立创新，又将冰球运动所具备的速度和力量表现了出来。

更值得一提的是，与耶鲁大学冰球馆同年设计的华盛顿杜勒斯的机场候机楼。华盛顿杜勒斯机场是当时第一个喷气式飞机机场，也是当时第一个符合高速改变航运要求的机场。当然，这也代表着美国首府的大门。为了突出候机楼轻盈的体态，也为了迎合华盛顿联邦建设传统的新罗马式风格，沙利宁果断选择了时代新趋势的建筑风格。他依旧采用曲面作

美国密歇根州底特律市通用汽车公司技术中心

为主屋顶，虽然主题架构的设计简单整洁，但是出境口、入境口、服务台、行李站、餐厅、书店一个都不少。机场候机楼整体呈长方形，特立独行中透着工整与理性。它的独特与完美顺利征服了美国民众，现在依然是一个国家级的建筑物。

其实，埃罗·沙利宁得以在建筑界崭露头角，源于他在1951年底设计的通用汽车公司技术中心，这是沙利宁人生中第一件重要的建筑作品。这项工程，最初是委托给沙利宁的父亲埃里尔·沙利宁的。但不幸的是，老沙利宁没能完成这件工程就撒手人寰了，委托公司又不愿把这项工程交给别人，就委托给了小沙利宁。

通用汽车公司技术中心位于美国密歇根州底特律市，它是一组带有密斯风格的庞大建筑群体。在这个庞大的建筑群体中，一共有25幢建筑物，每幢建筑物的高度都不超过3层楼。这些外表简单大方的建筑物围绕着中央的人工环礁湖呈不规则分布，人工环礁湖中的水塔设计带有明显的雕塑性。在技术中心的材料使用方面，沙利宁勇于开拓创新，采用了一种新型的隔热玻璃材料。这种隔热玻璃不仅使得建筑群体外形保持美观一致，也为建筑群体外墙的强度提供了保障。

通用汽车公司技术中心的顺利落成证实了埃罗·沙利宁的建筑能力，与此同时，它还和菲利普·约翰逊等人的建筑作品一起引领了美国建筑界新潮流数

圣路易市杰斐逊国家扩展纪念碑

十年。

　　1965年10月28日竣工的圣路易市杰斐逊国家扩展纪念碑，是真正使埃罗·沙利宁这个名字闻名世界的建筑，这也是沙利宁作为独立建筑师之后的第一件作品。顾名思义，杰斐逊国家扩展纪念碑就是为了纪念美国总统杰斐逊在任时对西部开发所做的贡献。早在1948年，沙利宁父子俩就分别参加了纪念碑的设计竞赛，在揭晓竞赛结果时还闹了个不小的笑话。那时，评委们未分清大小沙利宁，误将奖项颁发给了老沙利宁。但是后来发现不对头，就又将奖项还给了小沙利宁。这弄得老沙利宁是又喜又悲啊！喜的是儿子终于在建筑行业有一番作为了，悲的是自己终究是老了，早晚会退出建筑设计这个舞台。其实，从父子俩的设计风格中就可以区分大小沙利宁。父亲的设计总是喜欢稳中求胜，钟爱中规中矩的古典形式；儿子则胆大心细，勇于对新的建筑理念进行展示。

　　圣路易市杰斐逊国家扩展纪念碑，俗称圣路易弧形拱门，它矗立在美国密西西比河畔，被世人称为"旷世的微笑"。在纪念碑设计初期，沙利宁最先考虑到的就是圆形的形态，但是经过实地勘探，他发现圆这个形态迟早有一天会被河边的堤岸遮挡住，于是他就对这个圆提出了更高的要求，将这个圆抛上了天空，化成了一条抛物线。整条抛物线两端相距约190米，拱顶到地面的距离也近190米，相当于60层楼那么高。纪念碑周身采用的都是易焊接耐腐蚀的不锈钢。它造型宏伟，线条流畅，高耸雄伟，是一件极富创意又不可多得的建筑佳作。人们可以轻易地登上纪念碑的碑顶，俯视圣路易市，远眺美国西部，缅怀百年前的美国先民拓荒西部的种种。为了营造诗情画意的境界，达到接近自然和接近周围景观的目的，沙利宁还在纪念碑的附近建造了一个巴洛克式风格的公园，将沿河两岸规划成了一个休息场所，栽种了许许多多象征着美国西部粗犷的自然风貌的树木。圣路易市杰斐逊国家扩展纪念碑因其个性独特的外观，纯粹美丽的形态深受人们的喜爱。它是美国国家象征性建筑之一，被人们亲切地誉为"美国之拱""美国面向西部的门户"。

埃罗·沙利宁的国家扩展纪念碑的建筑形式取得了空前的成功，将"语不惊人死不休"的建筑创作思想发挥得淋漓尽致。虽然它只不过是一个不锈钢的巨穹，不具备太多传统意义上的建筑功效，但是它创新的精神功效却影响着以后的一大批建筑师。

埃罗·沙利宁一生设计创作出的经典作品数不胜数，但是最令人惊奇的作品却是美国环球航空公司的候机楼。初次见到候机楼的人们都会忍不住惊叹道：建筑竟然还可以这么做！

美国环球航空公司候机楼位于纽约的约翰·肯尼迪机场内，是20世纪中期现代设计作品的典范。在这件建筑作品中，沙利宁将钢筋和混凝土等材质有机地结合在一起，利用复杂的搭配和曲线造型，将封闭屋顶的四片浇钢筋混凝土壳体用几个点结合住了，使整个建筑物极富表现力。远远望去，航空公司的候机楼就像是一只即将凌空飞翔的大鸟。因为结合点空隙处布置了天窗，所以楼内的空间也被赋予了变化。光从四片相异的薄壳中见缝插针地进入了室内，给人一种错综复杂的节奏感。候机楼是以一个整体存在的，而不是单纯地孤立在航空公司之外，从咨询台到服务台再到栏杆乃至到标志的形态都是流线型的，使人感觉到自己处

肯尼迪机场的美国环球航空公司候机楼

在一个整体连续的空间中。纵观美国环球航空公司候机楼，可以轻易地发现，整个建筑群体无论是内部空间还是外部空间，没有一处是规则的几何形体，那流动曲线的完美造型给人一种视觉的愉悦。

肯尼迪机场的美国环球航空公司候机楼是当时现代建筑中反装饰化的代表作，它为新表现主义建筑风格在现代主义建筑史中留下了浓墨重彩的一笔。但美中不足的是，环球航空公司候机楼的形体由于过于独特，愈发显得与周围的建筑格格不入。随着时代的前进，它与航空公司的加建工程也产生了冲突，不得不说这确实是他整个建筑生涯的遗憾。

埃罗·沙利宁的建筑事业用一帆风顺这个词来形容一点也不为过，或许这个世界上再没有一个建筑师可以和沙利宁一样享受到如此有优势的家庭环境了。但是，上帝给你打开一扇门的同时也会给你关上一扇窗。婚姻生活的不顺心，常常使得沙利宁创作思维停滞。1954年，沙利宁终于忍受不住家庭矛盾被迫与他第一任妻子签署了和平离婚协议。没过多久他就与当时《纽约时报》的艺术评论员爱琳·伯恩斯坦双双坠入了爱河，确立了恋爱关系。结婚后爱琳因为职业之便，为沙利宁的社会事务做了大量的工作，可以说埃罗·沙利宁的军功章中也有爱琳的一半。沙利宁与前妻并没有孩子，但是爱琳却弥补了沙利宁没有当父亲的遗憾。爱琳为沙利宁孕育了一个儿子，他们还给这个孩子取了一个非常有象征意义的名字——埃姆斯·沙利宁，取这个名字的原因就是为了纪念他和好友以及合作者查尔斯·埃姆斯的伟大友谊关系。除了自己本身是一个建筑大师外，沙利宁还是一位兢兢业业的传授者，为了扩大建筑师事务所的规模，他也在不停地招兵买马。他的旗下就有一批年轻而又极具建筑天赋的建筑师，如凯文·罗克、约翰·丁克鲁等。埃罗·沙利宁的建筑师事务所的继承人不是他的儿子埃姆斯·沙利宁，而是他的爱徒约翰·丁克鲁。

1952年，41岁的埃罗·沙利宁成为了美国建筑学会的会员。1960年他又当选为美国文艺学院会员。可谁又能料到，天妒英才，1961年，在与家人刚刚欢度过51岁生日后，沙利宁就因为在安阿巴医院脑癌手术的失败而与世长辞了。也可能是上天觉得沙利宁的建筑实在是太巧夺天工了，于是就把他早早地招到天上去做设计了。为了纪念这位早逝的建筑大师，1962年，在埃罗·沙利宁逝世后的第400天，美国建筑师协会追授埃罗·沙利宁最高金质奖章。

埃罗·沙利宁，终其一生都在追求新的建筑风格，他对后人的影响不仅仅是一座座风格各异的建筑作品，还有他那不断追求创新的精神。

贝聿铭（1917— ）
心有东方情结

> 建筑和艺术虽然有所不同，但实质上却是一致的，我的目标
> 是寻求二者的和谐统一。
>
> ——贝聿铭

他与法籍华人画家赵无极、美籍华人作曲家周文中，共同享有海外华人的"艺术三宝"之美称。他将中国传统建筑艺术的精髓与现代主义几何结构高度融合，设计建造的建筑作品在世界建筑之林中占据一席之地。他曾多次荣获建筑界各项荣誉，将中华民族的内在智慧发挥得淋漓尽致。他是炎黄子孙，无论身在何地，身属何种国籍，都不曾忘记自己骨子里是中国人的事实。他就是世界建筑之林中的首位美籍华人建筑师贝聿铭。

美籍华人建筑师贝聿铭是世界建筑之林中为数不多的华人建筑师的杰出代表。贝聿铭于1917年出生在中国广州，祖祖辈辈都是苏州的名门望族。他的父亲贝祖诒，曾经担任过中国银行行长的职务，因业务发展的需要，1919年贝祖诒一家迁往香港，在那里创办了中国银行香港分行。贝聿铭在香港度过了自己的童年，还在圣保罗念过小学。1927年，背负着家族使命的贝聿铭重返大陆，回到上海读书，后来他又考取了上海圣约翰大学。1935年，年轻的贝聿铭违背了父亲希望他留学英国学习金融的意愿，独自一人远渡重洋，跑到美国宾夕法尼亚州立大学攻读建筑学。

贝聿铭与建筑的情缘起源于上海，那时的贝聿铭还只是圣约翰大学一名普通的在校大学生。像今天许多在校大学生一样，贝聿铭在闲暇无事的时候也喜欢去

台球厅玩台球。正巧那时台球厅附近正在建一座当时上海最高的酒店，玩累的时候，贝聿铭就经常坐在台球厅窗前观看工人们施工。出神发愣时他就想人类怎么能够把建筑物建的那么高呢？于是，选择建筑专业的梦想就深深地扎根在了贝聿铭的心中。所以，在选择出国留学时，贝聿铭并没有遵循父亲的愿望留学英国学习金融专业，继承家族事业，而是毅然决然地跑到美国攻读建筑学。

成为建筑师并不是一朝一夕能够完成的事情。在美国宾州大学学习一段时间后，贝聿铭就发现了以素描讲解古典建筑理论的教学方式并不适合自己。于是，他在没有与任何人商量的情况下就自行转学到麻省理工学院。1939年，贝聿铭以优异的成绩获得了麻省理工学院的毕业证书，与此同时还取得了美国建筑师协会的奖项。第二次世界大战时，贝聿铭曾在美国空军服役了三年，退役后进入了著名高等学府哈佛大学，在沃尔特·格罗皮乌斯主持的设计学院攻读建筑学硕士学位。1945年，贝聿铭顺利取得了哈佛大学建筑学硕士学位。因为当时国内政治动荡时局不稳，贝聿铭放弃了回国打算，接受了留校做设计研究所助理教授的安排。但是，贝聿铭很快就感觉到做设计研究老师并不是自己最初的梦想，他又一次不顾家人的劝阻辞去了老师这个稳定的职业，举家迁往纽约，寻求自己的梦想。

刚到纽约，贝聿铭就受邀来到美国房地产商威廉·柴根道夫的公司工作，担任他旗下韦伯·纳普建筑公司的建筑研究部主任，主要从事商业住房设计。当然，这次聘用也打破了柴根道夫从来不招聘中国人作为自己公司设计师的惯例。贝聿铭与柴根道夫良好的商业合作关系长达12年之久，他们一个是商业怪才，一个是建筑界新秀，凭借着各自的优势共同成就了威廉·柴根道夫公司一时的辉煌。在这12年中，贝聿铭为柴根道夫的房地产公司设计完成了许多商业项目及住宅群项目，并且还做了不少社会改建计划。从1955年开始，贝聿铭开始接受柴根道夫公司以外的设计委托，此间为了回报母校，他还亲自为母校麻省理工学院设计了地球科学中心。而这所有的一切，使贝聿铭得以在美国建筑界崭露头角。1960年，贝聿铭终止了与柴根道夫的合作关系，决心自立门户，在美国纽约成立了属于自己的建筑公司，此建筑公司的宗旨就是关心平民阶层的利益。贝聿铭公

约翰·肯尼迪图书馆

司承接设计的既具建筑美感又经济实用的大众化公寓，遍布纽约、费城、克利夫兰和芝加哥等城，其中他为费城平民阶层设计的三层社会公寓就格外受工薪阶层的欢迎。为此，费城莱斯大学在1963年还特意授予了贝聿铭"人民建筑师"的称号。同年，美国建筑学会也给贝聿铭颁发了纽约荣誉奖。《华盛顿邮报》曾这样评价贝聿铭的建筑：他的建筑设计是真正为人民服务的都市计划。

　　1961年是贝聿铭建筑设计生涯的一个转折点。这一年贝聿铭开始承接建设美国大气研究中心。美国大气研究中心的建造，标志着贝聿铭的设计主题逐渐从都市建造的设计转向巨型公共建筑物的设计。为了拿出更好的设计方案，贝聿铭多次亲自到研究中心所在的落基山脉地区进行严密细致的考察。他从附近一个古代印第安人遗址中发现了一座古老而带有浑厚基座和有力线条的砖砌塔楼，并以此为基础，确定了研究中心的外在形式和整体色彩。研究中心的外形简单浑厚，塔楼式的屋顶使建筑物本身就像一座巍峨的山峰，与周围的山石环境完美地融合在了一起。1967年美国大气研究中心在贝聿铭的精心设计下全面落成，贝聿铭也因此赢得了广泛赞誉。美国的《新闻周刊》曾刊登过它的照片，宣称贝聿铭的设计是突破性的设计。

　　肯尼迪图书馆的设计和建造使贝聿铭成功跻身于世界级建筑大师的行列。1964年，为了更好地纪念因遇刺而身亡的美国总统约翰·肯尼迪，美国政府决定在波士顿港口建造一座以约翰·肯尼迪总统命名的永久性建筑物——约翰·肯尼迪图书馆。贝聿铭在一大群应选的建筑师中并不出众，肯尼迪家族并没有太注意他的存在。但是，当贝聿铭详细地描述了根据建筑场地所做的设计、建筑时所选用的材料，以及如何赋予这座建筑物特殊的目的和意义后，肯尼迪的遗孀杰奎林深深地被他的设计感动了。杰奎林在新闻发布会上这样解释为何会选择一个在当时并不出名的建筑师："贝聿铭的唯美世界无人可与之相比，我再三考虑后选择了他"。肯尼迪图书馆的建造历时15年之久，于1978年全面建成。它新颖的设计、大胆的造型、高超的技术又一次引起了美国建筑界轰动，被公认是美国建筑史上最佳杰作之一。因此，美国建筑界高调地宣布1979年是"贝聿铭年"，并授予他该年度美国建筑师协会最高荣誉奖——金质奖章。

其实，在约翰·肯尼迪图书馆全面建成的前一年（1977年），华盛顿国家艺术馆东馆的成功建造，就已经为贝聿铭成为世界级建筑大师埋下了伏笔。国家艺术馆东馆占据华盛顿显要的地理位置，它东望国会大厦，西邻白宫，与国会大厦、华盛顿纪念碑、林肯纪念堂共同构成了华盛顿的主线轴。而需要扩建的东馆就在这个主线轴的东端北侧，它所占据的地形是建筑师们都头疼的呈不规则梯形的土地。贝聿铭巧妙地从国家艺术馆的东入馆口引入了一条直线，将整个场地有机地划分成了两个三角形，一个是等腰三角形，另一个是直角三角形，还创造性地将不同高度、不同形状的平台、楼梯、斜坡和廊柱互相交错地连接在了一起。为了避免新建筑与周围环境的冲突，贝聿铭将等腰三角形区域安排成了公共开放区域，而直角三角形区域则安排成了视觉艺术研究中心的用房。对东馆的建筑贝聿铭并没有采用与老馆相同的罗马复兴建筑风格，而是采用了现代主义处理手法，透露出了时代的气息。为了使新老两馆达到天衣无缝的契合，贝聿铭控制了新馆的檐口高度，使两建筑物在高度上达到了零误差的一致，而在新馆的用材方面，他更是采用了与老馆产地相同、颜色相同的大理石。修建完成后的华盛顿国家艺术馆东馆又引起了美国建筑界乃至世界建筑界的轰动，建筑师们无不感叹此建筑是多么地鬼斧神工。华盛顿国家艺术馆东馆的开幕仪式上，时任美国总统卡特亲切地说："华盛顿国家艺术馆东馆不但是华盛顿市和谐而周全的一部分，而且是公众生活与艺术情趣之间日益增强联系的象征。"还称赞贝聿铭是"不可多得的杰出建筑师"。

为贝聿铭进一步赚取海外建筑界影响力的建筑是对法国巴黎卢浮宫的扩建。

罗浮宫

法国巴黎卢浮宫的修建完成于1857年，后来被开辟成为法国最大的博物馆。但是在进入20世纪以后，展品的数量随着经济的增长日益增多，卢浮宫的内部容量已接近饱和。于是，法国政府决定在1989年法国大革命200周年纪念日以前，在保证卢浮宫一砖一石都不被改动的情况下进行一次较为系统的改造。当时，参加这次改造竞标的不仅有法国本土建筑师，还有其他世界上著名的建筑师，面对若干著名建筑师的高端佳作，法国当时的总统密特朗也不知道如何选择是好。为解决这一难题，密特朗总统特地邀请了在当时世界上最具卓著声誉的15位博物馆馆长对前来应征的设计方案进行遴选抉择。结果出人意料，入选的并不是法国本土的建筑师，而是与西方无丝毫血缘关系的美籍华人建筑师贝聿铭。13位馆长都将选取票投给了贝聿铭。贝聿铭对卢浮宫的改造别具匠心，除了对南北两翼展馆进行了一系列改造外，还在卢浮宫内设计建造了一座玻璃金字塔。法国人民非但没有怪罪贝聿铭的自作主张，还称"卢浮宫院内飞来了一颗巨大的宝石"。改建后的卢浮宫征服了法国民众，这个拥有着埃菲尔铁塔等世界建筑奇迹的国度也为贝聿铭的设计建造而倾倒。改建完成后的卢浮宫顺利地成为了世界上最大的博物馆，人们对这位东方民族设计师赞不绝口，说贝聿铭的独到设计征服了整个巴黎。

身为一名美籍华人建筑师，贝聿铭对祖国的一片深情萦系于怀，他渴望也能够为中国设计建造一座卓越的建筑。1979年，受有关方面的委托，贝聿铭决定为北京香山设计建造一家饭店。为了使这家饭店能够充分展现出民族属性与爱国情结，贝聿铭多次从纽约飞往北京亲自攀登上香山周围的山顶，认真地勘探地形和周围的环境。北京香山饭店可以说是集中国

北京香山饭店

传统建筑艺术精华于一体，这都是贝聿铭不辞辛劳地走访北京、南京、扬州、苏州、承德等地古建筑和园林的结果。贝聿铭利用庭院和墙这两种中国传统建筑文化精髓的基本要素，组合了一座充满诗情画意的香山饭店。香山饭店的整体基调以白色与灰色为主，极具唐代风韵。而不规则的院落布局，使得饭店本身与周围的山水完美融合在了一起。与贝聿铭以往的建筑作品相比，北京香山饭店的规模算不上大，但是他始终认为香山饭店是他这一生中最重要的作品之一。1984年，贝聿铭凭借着北京香山饭店的设计获得了建筑学会颁发的荣誉奖。在贝聿铭的建筑事务所中，只摆放着两架设计模型，一个是美国华盛顿国家艺术馆东馆，另一个就是中国北京香山饭店。

贝聿铭的建筑作品不仅遍布美国为美国人民所知，其实在全世界都可以找到贝聿铭建筑作品的痕迹。纵观贝聿铭的建筑作品，他实实在在为工业革命以后的现代都市增加了生机，可以说贝聿铭的建筑与时代的步伐保持了一致。贝聿铭非常在意建筑结构的意境，拥有着丰富而错综复杂的东方情结。他的建筑作品不仅可以体现出经典几何机构，还具备古代传统建筑艺术的精髓。他在自己的建筑笔记中这样写道："建筑和艺术虽然有所不同，但实质上却是一致的，我的目标是寻求二者的和谐统一。"正如他所言，他所设计的建筑物高度也随着工业化的演进越来越低，几乎要接近地平线，向自然回归。1997年1月21日贝聿铭在纽约接

受对日本美秀美术馆的建造时曾说："构造的形态当然被地形所左右，根据当地的规定，总面积为17000平方米的部分，大约只允许2000平方米左右的建筑部分露出地面，所以美术馆80%的部分必须在地下才行。"

自1935年赴美国求学以后，贝聿铭就在大洋彼岸成家立业了，几乎大半生都旅居国外，至今已整整79个年头。但是他时刻都不曾忘记祖国对自己的养育之恩，他曾将获得的普利兹克10万美元奖金悉数捐出，用作中国留学生的留学基金。他常常在介绍自己时说"我是苏州人""我是广州人"。贝聿铭的太太卢爱玲女士与贝聿铭一样也是一位旅美华人，她曾经在美国卫里斯学院念书，后来为追寻丈夫的足迹在哈佛大学攻读造园设计专业。在家时夫妇俩经常用普通话进行交流，除此之外两人还都能讲一口流利的广州话、上海话和苏州话。他们平时的生活习惯、家庭布置、包括衣着打扮，依旧保持着中国人传统特有的本土特色。贝聿铭夫妇共有三子一女，三个儿子的名字都有一个中字，长子名贝定中、次子为贝建中、三子叫贝礼中。他们的女儿，也拥有一个非常典型的具有中国意韵的名字，叫贝莲。

贝聿铭的一生可谓是被荣誉垒砌的一生，人们称贝聿铭是建筑设计界的"奇才""现代派设计大师"，这都是有科学依据的。有关部门曾经粗略地统计过，将近半个世纪以来，经贝聿铭设计的大型建筑在百项以上，其中得到建筑界肯定并颁发荣誉证书的奖项就有50次以上。他为美国设计的近50项大型建筑中就有24项获得奖项。除此之外，1983年贝聿铭还荣获了1979年由凯海基金会设立的一项世界性最佳建筑成就荣誉奖、有建筑界诺贝尔奖之称的普茨克奖。而贝聿铭是获得这个特殊奖项的第五人，也是世界上唯一一位荣获普茨克奖的华人建筑师。

如今，年近百岁的贝聿铭并没有因为自己现有的成绩而沾沾自喜，他一直怀着一颗虔诚的心在建筑这条路上且行且进，他依旧希望通过自己孜孜不倦的努力可以为世界设计建造出更加优秀的作品。

约恩·伍重（1918—2008）
一次辉煌，一生传奇

"所有设计方案都有自己的出发点，不能够轻言否定。至少不能将它们扔进废纸篓。"

——约恩·伍重

他是一位水手，也是一位建筑师。他救助过落水的人，也设计建造过不少知名建筑。他就是约恩·伍重。假如伍重不曾踏进过建筑界，想必也一定是位优秀的水手。仿佛是天生与水有缘，他生命中最重要的作品就在水中央。伍重一生设计的作品遍布世界各地，可以说每一件作品都光芒四射。但是，唯有一件使他辉煌，而这一件已是传奇。

　　约恩·伍重，丹麦著名建筑大师，悉尼歌剧院的首席设计师。1918年伍重出生于丹麦首都哥本哈根。他曾是一位优秀的水手，18岁之前都是在海上施展身手。18岁的时候，伍重的愿望还是去当一名海军的军官。因机缘巧合，1937年，年仅19岁的伍重得以进入丹麦皇家艺术学院，跟随当时丹麦建筑界赫赫有名的施泰因·埃勒·拉斯姆森和卡伊·菲斯科尔学习建筑。随着第二次世界大战爆发，1942年，年轻的伍重不得不逃往瑞典斯德哥尔摩。在斯德哥尔摩，伍重得到了他人生中第一份与建筑有关的职业。他受雇于阿斯普朗德建筑事务所，在其事务所中当一名普通的学徒。第二次世界大战结束以后，伍重去了芬兰首都赫尔辛基，在那里他有幸与芬兰现代主义建筑界的领军人物阿尔瓦·阿尔托一起工作，接触了有机建筑的理念。

金戈居住区

受有机建筑理念的影响，伍重认为建筑艺术的源泉活水就藏在不同国家、不同民族的建筑中。基于这一淳朴的想法，1948年伍重开始了自我放逐，他去过摩洛哥，游历了美国，抵达过南美洲。1950年，32岁的伍重结束了旅行生活返回丹麦，在丹麦开创了属于自己的建筑事务所。但是建筑事务所的生意似乎并不如意，这期间伍重参加过不少设计竞赛，但是能够得以实施的却屈指可数，受委托设计的项目也少得可怜。踌躇满志的伍重面对这一切突如其来的变故手足无措，1952年，伍重在距哥本哈根不远的赫列别克和霍尔塔分别建造了私家住宅。1957年，伍重又踏上了旅途，在短短10年间，他游历了很多地方，参观了中国、日本、印度、尼泊尔、墨西哥、印度、澳大利亚等国的传统建筑。

功夫不负有心人，10年考察旅行结束后，深层镀金后的伍重很快就接收到了赫尔辛基西郊的金戈居住区设计的委托书。这是一组位于丘陵地带的联排城市住宅，其中一共有63套独立院落。为了达到住宅与周围环境的自然统一，也为了保证每一座院落都能够充分地享受到光照与公共绿地，伍重巧妙地将这63套独立院落分成了3组，每一组中的院落都用链式连接到了一起。针对院落围墙的设计，伍重更是避开了本质的厚重，将院落围墙统一设置得较低，这样住户在家里就可以欣赏到户外的自然景色。金戈居住区最别致的设计当属门窗，它不仅采用的都是当地材料，更重要的是它是纯手工制作的。与此期间，伍重还担任着弗莱登斯堡住宅的设计，不同于整组的金戈居住区，位于弗莱登斯堡郊区的弗莱登斯堡住宅同时兼有48套单层院落、30套两层联排城市住宅、一个服务中心。不得不承认，弗莱登斯堡住宅与周围环境达到和谐一致的功劳都属住宅颜色的设计。弗莱登斯堡住宅的主体建筑材料用的是土黄色，门窗是松木的，门窗的过梁是混凝土，就连框架上面都是深红色的彩釉填涂的。金戈居住区与弗莱登斯堡住宅都体现了伍重的有机建筑理念，虽然这两部作品在当时都比较成功，但是约恩·伍重依旧是丹麦伍重建筑事务所中一位名不见经传的小建筑师。

提到悉尼，人们自然就会想到"悉尼之魂"——悉尼歌剧院，这个拥有近40年历史的艺术文化殿堂。无人不惊叹悉尼歌剧院的高贵与典雅，却不曾想到它的建筑者是当时默默无闻的建筑师约恩·伍重。丹麦建筑师协会给予伍重一生这样的评价：约恩·伍重，一生的辉煌只有一次，但这一次已是传奇。

说起悉尼歌剧院，还得将历史追溯到19世纪60年代。当时的悉尼还没有歌剧院，一些有志之士为了改变这个城市没有固定歌剧表演团体和歌剧院的现状四处奔走，八方游说，终于在1954年得到当地政府的支持，答应出资建设一座属于悉尼人们自己的歌剧院。

1957年，在有关单位的主持下，悉尼歌剧院的建筑工作正式进行筹备。建设悉尼歌剧院所经历的波折也就此拉开了序幕。投标工作随即展开，共有来自30多个国家的233位设计师参加这次竞标活动，其中不乏一些知名建筑大师。因为澳大利亚政府对歌剧院的建设格外看重，所以有关部门对这次招标活动提出了特别的要求：官方规定所有参赛建筑师都不允许投寄模型，设计样稿严禁色彩渲染，只能用黑白线条表现自己的建筑意图。年仅38岁的约恩·伍重当时并没有名气，他和妻子就像普通夫妻一样居住在丹麦海边的一个小镇上，自从1945年建筑事务所成立之后，真正属于伍重的作品并不多，非得说一件建筑作品的话那就是伍重自己的家。初生牛犊不怕虎的伍重抱着试一试的心态也寄去了自己的设计样稿，但是并没有对此抱很大的期望，以为它还会像其他设计比赛一样石沉大海。寄去样稿的伍重并没有因此而坐立不安，没有焦急地等待宣告结果，还是依旧过着简单而愉快的生活。直到祝贺电话打到家，伍重都不敢相信自己居然是这次比赛的第一名。

或许是因为伍重此生与水的缘分并没有就此搁浅，这座建立在大洋洲上的艺术文化殿堂对约恩·伍重来说是人生中独一无二的机会，但是它也差点毁了伍重的建筑师生涯。赢得悉尼歌剧院设计竞赛的头奖并非一帆风顺，有资料记载，在比赛的预选阶段，伍重的设计构想并没有得到评委的青睐，而是直接被淘汰了。但是评委埃罗尔·沙利宁——现代主义建筑大师，却为伍重独特大胆的设计着了迷，他硬生生地从一堆废纸中扒出了伍重的设计样稿，并且当场宣布除此设计之外他不再支持任何人的设计。在领取悉尼歌剧院设计比赛的奖金后，伍重返回了斯堪的纳维亚半岛。他平静地告诉自己深爱的妻子，他并没有奢望可以再次回到悉尼，将自己的设计变成一座真实可见的建筑。转眼到了1957年后半年，伍重得到通知，悉尼政府诚邀自己到澳大利亚指导悉尼歌剧院的建设。伍重得知自己的设计作品即将变成现实，欣喜若狂。若干年后，伍重还清晰地记得自己当初设计悉尼歌剧院时的冲动与激情。那真是一段难忘的记忆，他回忆说："那是一段非常美好的时光，我躺在海边的沙滩上画我的草图。要是哪里画得不对，我就用手把它们抹掉再重新画过。"但是事情的进展远没有伍重想得那么简单。伍重每天都沉浸在对歌剧院的设计中，他早已忘记了严寒酷暑，忘记了饥饿，随着截止日期的临近他对自己的设计作品还是不满意。一天早上，爱妻心疼他没有吃早饭就随手给了他一个橘子。沉思中的伍重并不在意，他一边思考方案一边无聊地用小刀在橘子上划来划去，不经意间橘子被打开了，看着剥落橘皮的橘瓣，伍重霎时灵感顿现，拿起桌上的笔迅速地将自己心中所想描绘了出来。谁曾想，这不经意间的勾画竟促成了20世纪世界上最伟大建筑的诞生。

悉尼歌剧院坐落在澳大利亚悉尼港贝尼朗岬角，三面临水，宏大的外观有如三组白色壳片，像极了远方即将起航的风帆，加上不远处的悉尼港湾大桥，与周围的景物相映成趣。白色壳片徜徉着蔚蓝的海水，如月光般皎洁，所以悉尼歌剧院还有"翘首遐观的恬静修女"之美称。拥有40多年历史的悉尼歌剧院，现在是全世界最大的表演艺术中心之一，每年举行的大型表演都有3000场，可同时容纳大约200万观众共襄盛举。

一到悉尼港就可以看见那三组巨大的白色壳片耸立在南北长186米、东西

悉尼歌剧院（建筑设计草图、实景）

宽97米的现浇钢筋混凝土的基座上。三组白色壳片从左向右依次排开，前三个一个盖着一个，投向海湾怀抱，最后一个独立而行背对海湾，似两组相对倒放的海蚌。整个歌剧院共分为三个部分：歌剧厅、音乐厅和贝尼朗餐厅，三个部分并排而立，全部都依傍着巨型花岗岩石基。其中要数建材均为澳大利亚木材的音乐厅较大，可同时容纳约3000名观众进行节目观赏。音乐厅通常用于举办交响乐、室内乐、歌剧、舞蹈、合唱、流行乐、爵士乐等形式表演。值得一提的是，在音乐厅正前方摆放着一架号称全世界最大的机械木连杆风琴，它是由澳大利亚艺术家罗纳德·沙普独家建造的大管风琴。整个音乐厅也因此而别具一格，相对于高大亮丽的音乐厅，歌剧厅就显得格外娇小考究。歌剧厅主要是歌剧、芭蕾舞和舞蹈的表演场地，虽然只有不到2000个观众席，但是内部陈设却独到精致。为了避免反光这一问题，从墙壁到地板，设计师都一律不用易造成反光的材质。虽然歌剧厅的舞台面积并不大，只有440平方米，但是转台、升降台都具备。舞台还配备有"日幕"——开幕布、"月幕"——落幕布两幅幕布，可别小看这两幅幕布，它们的原产地可是在法国。舞台上装有闭路电视，舞台灯光也有200个回路，可全部由计算机操控，通过显示屏就可以将舞台的上上下下尽收眼底。当然在欣赏艺术的同时也不乏美味的陪伴，浪漫的西方人习惯于在听音乐时享受美食，这是关于视觉的味觉盛宴。

人们总是惊喜于悉尼歌剧院的神采，惊叹于悉尼歌剧院的外貌，却不知道在悉尼歌剧院背后发生的一系列鲜为人知的故事。悉尼歌剧院的外貌设计在最初就备遭争议，如若不是建筑大师埃罗尔·沙利宁的坚持，歌剧院的相关负责人根本不会同意伍重的方案实施的。事实证明有些担心确实正确。在实际操作过程中，歌剧院独特的屋顶设计几乎是不可能完成的。10个大小各异的阶梯状拱顶，最高的"壳"顶距海面的垂直距离是67米，这相当于20层楼的高度，关键是这些看似杂乱无章的壳在几何学上并没有定义，建造这些"壳"的方法难倒了一批工程师。最后还是设计师伍重给出了解决的方案，利用相同曲率概念偷换"壳"大小不一的问题。谁知一波未平一波又起，1965年，由于政党的变换，歌剧院建设预算出现了明显的短缺，新南威尔士州政府根本不认可伍重的艺术创造力。伍重也拒绝与新政府合作，举家迁出了澳大利亚，哪曾想这一走就是一世。自此，伍重就再也没有抵达过澳大利亚，更没有亲眼看见悉尼歌剧院的全面落成。随着伍重的离开，悉尼歌剧院剩下的工作由澳大利亚工程师全面接收，虽然方案在一度简化，但是并没有影响到歌剧院原本的光辉。

悉尼歌剧院的建成改变了悉尼没有歌剧院的历史。因为政治、历史、经济原因，这座耗时14年、斥资1200万澳大利亚元的歌剧院于1973年10月20日终于完全落成。悉尼歌剧院还在英国女王伊丽莎白二世的亲自主持下举办了隆重的落成典礼。澳大利亚著名指挥家唐斯在那里挥棒首演了普罗科菲耶夫的《战争与和平》。遗憾的是，因为伍重与当地政府的矛盾，女王在整个开幕式上都

科威特会议大厦

没有提及设计师约恩·伍重的名字。

悉尼歌剧院是与印度泰姬陵、埃及金字塔比肩的世界顶级建筑，这座造型奇特的歌剧院不仅征服了淳朴的澳大利亚人民，也征服了世界人民，人们亲切地称它为"远航的风帆""散落的橘瓣"。它还被列入到世界文化遗产的20世纪最伟大的建筑之一，也被誉为"澳洲之花"，更有甚者说它就是悉尼的灵魂所在。建筑学界的诺贝尔奖——"普利兹克建筑奖"曾经这样描述悉尼歌剧院："毫无疑问是其最杰出的作品……是享誉全球极具美感的作品。它不仅是一座城市的象征，而且是整个国家和整个大洋洲的代表"。

年轻的伍重并没有因为一件设计作品的问世而沾沾自喜。在辞去悉尼歌剧院的建造工作后，伍重就开启了到美国夏威夷大学教书的生活。是金子在哪里都会发光的，在夏威夷教学时，伍重被邀请参加科威特会议大厦的设计。他对伊斯兰建筑的理解与把握充分赢得了阿拉伯国家绝大多数民众的信任。1982年这座建立在阿拉伯半岛东北部海湾西北岸的大厦终于完成了，人们对这个不规则的方形四角大厦赞不绝口。为了表示对阿拉伯传统建筑的尊重，伍重对大厦内部屋顶的装饰更多的选择了帐篷形。可以说，科威特会议大厦是阿拉伯传统建筑与现代建筑艺术的完美结合。与科威特会议大厦同时期建造的还有位于哥本哈根北郊的巴格斯维尔德教堂，它是伍重建筑生涯中的另一个里程碑。此教堂从整体布局到建筑细节无不展现出了中国传统建筑的优良传统，享有"中国式教堂"的极大赞誉，单凭教堂神殿顶部"云"和光的结合就使人流连忘返，更别说教堂所具有的中国韵味对丹麦民众的吸引力了。

从20世纪70年代，伍重就开始慢慢地退出建筑界，归隐山林。2003年，对于年迈的伍重来说确实与众不同，那年他不仅获得了普利兹克建筑奖，更圆了此生的梦想。估计连伍重自己都不曾想到，83岁高龄的他还会被任命为悉尼歌剧院内部调整的总设计师。没有人知道当时的伍重内心有多么激动，从歌剧院内部整体调整来看，更符合了它精致的外观，调整使歌剧院看起来更加优雅。值得一提的是，在悉尼歌剧院大厅中央挂着一块长14米的毛料挂毯，不仅与房间墙壁灰白的色调相得益彰，还起到了声学处理作用，可使乐音达到绕梁三日的效果。就连悉尼歌剧院的院长都不禁赞叹道："伍重具有绝妙的想象力和非凡的设计能力，大厅中央那幅装饰挂毯与墙壁的距离同声学上所要求的距离恰好吻合，真是巧夺天工的杰作。"

生命繁衍不息，但是人总有离去的时候，也许这就是人世间的轮回。2008年11月29日，"澳洲之花"的设计者——约恩·伍重在睡眠中安然辞世，享年90岁。丹麦人民为了纪念这位伟大的建筑师举行了一系列活动，同时悉尼歌剧院也举办了各种活动来追念约恩·伍重。或许，约恩·伍重并没有真正离开我们，他在天堂默默地看着下一代建筑师设计建造出更好的建筑。

詹姆斯·斯特林（1926—1992）
听从上帝的声音

功能主义是我的建筑信仰和实践的主要依据。

——詹姆斯·斯特林

在詹姆斯·斯特林的建筑中，我们既能感受到古希腊、古罗马的古典气息，又能看到现代建筑中用到的玻璃和钢铁。斯图亚特美术馆新馆使詹姆斯·斯特林在后现代主义建筑中占据一席之地，他杰出的创意，独到的设计，细心的装饰，率性的拼凑使建筑不再乏味，仿佛是听从上帝指引后创造出的能够超越时间的现代化神庙。

　　詹姆斯·斯特林，英国著名建筑师、城市规划师，在20世纪与诺曼·福斯特和查德·罗杰斯并称为英国三巨头。他的建筑以非传统设计和摆脱国际式的功能主义而闻名。詹姆斯·斯特林出生于英国苏格兰的格拉斯哥，次年随父母搬至利物浦。由于父亲是苏格兰的船舶工程师，童年时期，他从父亲的轮船机械图纸上获得了对事物内部结构的最初认识，之后在考利银行高中接受教育。

　　第二次世界大战到来，斯特林不得不抛下学业，参加战争，他曾在"十进制日海陆战队"服役，参加过诺曼底登陆战役。斯特林开始时是一位守夜军官，但由于漫漫长夜太过无聊，于是就放弃这个相对安稳的工作寻求刺激，成为跳伞兵团中的一员。战场上人命如蝼蚁，死亡也不过是一瞬间的事，斯特林曾在战争前夜空降到德国海岸防线后方，可在降落仅36个小时后，便被爆炸的坦克碎片击中而失去知觉。在伤好后，斯特林重返战场，又被击中左臂，这让他在之后的岁月一直忍受左臂麻木的痛苦。斯特林这种不爱墨守成规，喜欢追求刺激的个性在他的建筑设计中也表现得淋漓尽致。

战争结束后，斯特林于1945至1950年在英国利物浦大学深造，后于1950至1952年间在伦敦的城市规划和地区研究学院深造。那时萨克西和维特考尔的插图作品《美国艺术与地中海》与科林·罗尔所著的《走向建筑》，给他带来巨大的影响。

20世纪50年代，二战刚刚结束不久，由于战争的破坏，需要建造大量住宅，斯特林这时已经从学校毕业了，正赶上这一浪潮，于是在他建筑生涯的早期主要设计一些廉价住宅。但随着现代建筑的发展，矩形的房屋随处可见，斯特林曾说过："许多现代建筑之所以平庸，部分原因是轻易地采用把各类房间都弄成简单、划一的形式。我们则往往力图达到每个房间都具有理想的独特形状，避免将其扭曲而硬装入一个结构模块的框子或预先构想出来的总体形状中。"

之后，他开始设计大型的建筑项目，特别是博物馆的一些设计。这些建筑的设计风格都不相同，斯特林从来不认为自己是哪一流派的，因而并不乐意别人将他划分为哪一流派。他曾强调说："我从来不会想到什么风格我只会尽力去找出什么是完成每个委托最合适的办法。"他的建筑中总会杂糅不同的东西，更注重对一些建筑的整合和在此基础上的创新，他的设计几乎没有固定的样式，别人也很难模仿他的设计风格。因而曾被查理士·杰克斯称为"超现实主义""强现实主义"的开创者，被范萨斯柯·达尔·科称作"限制条件下超常发挥"的能手。

1963年完成的莱斯特大学工程馆让斯特林首次获得了国际声誉。整个工程馆由教学科研用房和机械车间两部分构成，包括一个10层的塔楼和一个相对低矮的厂房。建筑的外观并非单纯的立面，它随着楼层的升高逐步内缩，形成了独特的阶梯状玻璃筒墙，它赋予建筑内部不同的功能空间，如倾斜着的报告厅，水平展开的车间，竖直的办公楼等。由于二战后英国经济并不如美国宽裕，莱斯特工程馆选用红砖、玻璃为建筑材料，但斯特林运用在不同体块间的相互组合中的45度角和剖面，让建筑具有生命力，这也意味着英国乏善可陈的建筑师的结束。

斯特林在之后的一系列作品，如剑桥大学历史系馆、圣克里门茨牛津女王学院及圣安德鲁斯大学宿舍的扩建等，都采用红砖、玻璃这些建筑材料，构成了用几何肆意拼凑的雕塑。从1975年的杜塞尔多夫博物馆设计起，他迎来了建筑风格的一大转折，在建筑中注入古典主义的元素，如圆柱形的中庭、下沉的列柱、古典的雕塑等，斯图亚特美术馆就是这一转变中最具代表性的作品。他总是习惯于对一切历史形式的"掠夺"，在这个美术馆的设计中，他就运用古希腊的神圣庙宇，来增添美术馆的宗教气息。

1977年斯图亚特市政府举行关于斯图亚特国立美术馆新馆设计方案的国际竞赛，在竞赛中斯特林以一票优势赢了贝尼希。斯图亚特国立美术馆新馆让斯特林达到事业的顶峰，他也因为这一建筑赢得了斯图亚特市民们对他的爱戴。

斯图亚特曾在大战中被炸平，在战后重建中又被破坏，因此在设计中要十分重视对残存建筑的保护。"许多现有建筑应该尽量保留，以保持地区的街道特色"，即使在新建筑与街道相连的部分，如欧根街的剧场辅助翼以及乌本街的博物馆管理部分，也要与相邻的旧建筑相呼应。

20世纪以来，许多美术馆本身就是一件艺术品，譬如赖特的纽约古根海姆博物馆，盖里的毕尔巴鄂古根海姆博物馆，密斯的新柏林国家美术馆等，建筑本身都变成吸引人们前往参观的作品，由斯特林设计的斯图亚特国立美术馆新馆也是其中一例。美术馆新馆于1984年建成，建筑的体积是1286000立方米，在当时造价8500万德国马克。它主要来储存德国20世纪的收藏品，新馆包括美术陈列室、图书馆、音乐楼、剧场等文化艺术用房及服务设施。新馆分为两层，上层是陈列空间，下层北侧是临时展厅，南侧是讲堂和餐厅。

斯图亚特四面环山，美术馆新馆在市中心边沿的一个东南高、西北低的坡地上，位于1837年旧馆的南侧，西隔着康拉德·阿戴诺大街同斯图亚特国家剧院相邻。因为新馆是对具有新古典建筑风格旧馆的扩建，所以对于旧馆的设计斯特林做了一些研究。1837年的旧馆，整个建筑平面呈工字形，或者可以看成是由两个U字平面叠合而成，建筑的入口就是由U字围成的广场。由斯特林设计的新馆为

斯图亚特美术馆外景

追求形式上的统一，在一定程度上模仿了旧馆的布局，建筑平面呈"U"字形，不过斯特林在U形的中间设计了一个圆形的院子。但在大的布局上，新馆要比旧馆退后街道很多，摆出一副谦虚的姿态，在一定程度上，是对旧馆的尊重。

斯特林设计这个新馆的灵感来自于19世纪著名的阿提斯博物馆，他以现代方式来运用传统元素。这个美术馆通过桥式连接，通往旧馆。在展厅的设计上，他运用19世纪古典博物馆的做法，将展厅严格地组织在一条轴线上，门上圆形的展厅号标都洋溢着浓重的古典气息。这个建筑中现代主义、波普风格和古典主义整合在一起，让人耳目一新。

新馆的展厅围绕着圆形的露天庭院而建，他采用简单的立体主义外形，以花岗岩和大理石为建筑材料，局部采用古典的细节，如拱廊、天井，还放有雕塑。《建筑评论》给了这个圆形庭院很高的评价："这个庭院体现了比尔德梅厄和辛克尔的精神，它是再现帕特农神庙拱门形式的一种再定型，通过一个用于仪式的纪念性框架，作为建筑精神的一个隐喻，将建筑提升到一个令人难忘的高水平。"

为了解决场地两侧巨大的城市高差，斯特林巧妙地将斜坡设计成了室外休闲步行区。在粗壮的钢管做成的栏杆上，涂上鲜艳的粉红和天蓝色，更突出了通道的环形倾斜。同时部分外墙上的玻璃，加上玻璃外的绿色框架，让拥有统一色调的外墙变得生动而不沉闷。顺着带有坡度的路面到达大厅，门厅以绿色为主调，用了绿色橡胶地面，在门厅的旁边还设置了弧形的座椅，人们可以在上面闲聊。美术馆也不再是严肃的地方，更像是一个休闲场所。

斯图亚特美术馆内景

斯特林在新馆的设计中，采用"隐喻"的手法，使建筑充满故事。在主入口处的坡道上，红色和蓝色的扶手，以及门厅处玻璃墙的绿色的框架，都让我们不禁想到巴黎的蓬皮杜艺术中心；玻璃电梯的使用带有波特曼的设计风格；讲堂和临时展室的蘑菇状柱子，又让我们回想到赖特的处理方式；建筑中的圆形庭院又带有古罗马斗兽场的风采。斯特林就如同一个裁缝，运用现代化的设计手法，将不同时期的布料缝到了一起，设计出新潮而又富有历史韵味的作品。

在这次合作中，宽松的外部条件也是斯图亚特国立美术馆新馆能取得成功的原因之一。斯特林说过："在国立美术馆的项目工作中，合作是愉快的，预算是合理的，工艺标准是最高的，在那里我们可以使用高级的材料和设计出复杂的细部，也没有遇到过去在英国常有的履行合同的困难。"

不同因素间的相互杂糅，风格上的不受限制，让我们想到了20年后位于西班牙的古根海姆博物馆，弗兰克·盖里将这种倾向发挥到了极致，两座建筑同样都招来了大批游客。有数据表明，斯图亚特国立美术馆新馆建成的前七个月接待近100万游客，周末一天就有2万人，这是一个很大的成功。美术馆的接待率在德国各艺术馆的排名中，从原来的56位，一跃成为第1位。当然，吸引游客的除了整个建筑之外，还包括毕加索和蒙德里安等艺术家的作品。

斯特林的建筑变化多端，他自己曾说过："我们的设计呈现出系列发展的倾向，20世纪的50年代我们注重于砖体建筑，20世纪60年代则是玻璃表面和砖石板，然后是混凝土建筑，我们又开始关注所谓的高科技建筑。到20世纪70年代，我开始利用砖和抹墙泥灰使公共建筑具有更加普通的外表。"在这个建筑中，斯特林吸收了被看作是19世纪雏形的辛克尔老博物馆的平面，用一连串相通的房间，这些房间都具有纪念性的意义。他认为这样的方式表现出来的效果比20世纪同类建筑更有魅力。斯特林更希望人们从中获得关于博物馆的联想，认为它"像是"一个博物馆，用抽象的建筑布局，将新旧建筑元素结合，赋予了传统美术馆没有的艺术氛围。

斯特林凭借着斯图亚特国立美术馆新馆，获得了1981年第三届普利兹克奖，在后现代主义中拥有了无人可撼动的地位。斯特林不愿意给自己的建筑加上任何标签，他认为建筑不是为了风格而存在的，它是为了给人提供服务。

1992年6月，66岁的斯特林由于赫尼亚手术而导致心脏病突发，在事业如日中天的时候离开了人世。斯特林作为一位建筑大师，在他的建筑生涯中，我们能看到建筑形式上一次次的创新，他敢于超越自己，甚至否定过去。他对后世的影响绝非简单的古典与现代建筑元素的拼凑，而是在建筑中遮掩不住的艺术魂灵。

弗兰克·盖里（1929—　）
玩的就是颠覆

在一定程度上我也许是一个艺术建筑家。

——弗兰克·盖里

喜新厌旧追其根源就是审美疲劳，几十年前，人们因看够了极尽华丽的巴洛克风格建筑，才产生钢筋混凝土铸成的"方盒子"。时至今日，由于全球都市千篇一律的建筑风格带来的乏味无趣，让人们试图去找寻刺激，对弗兰克·盖里那如同台风过境后的建筑，趋之若鹜。

弗兰克·盖里原名弗兰克·戈德伯格，20世纪最伟大的建筑师之一，号称"解构主义之父"。"解构主义（Deconstruction）"这个词是从"结构主义"（Constructionism）中演化出来的。因此，它的形式主义实质是对于结构主义的破坏和分解。他的设计引发了一场建筑界无意识的革命，包含着对传统的反叛与彻底颠覆，犹如毕加索的绘画，大胆而前卫的整体造型中，充斥着扭曲、畸变、残缺、支离破碎，因此弗兰克·盖里也被誉为"建筑界的毕加索"。

弗兰克·盖里于1929年2月28日出生于加拿大多伦多一个犹太人家庭，1947年随家人移居洛杉矶，在南加州大学获得建筑设计学位，又到哈佛大学设计研究院深造。之后相继到几个建筑事务所工作，于1962年在美国洛杉矶开办了自己的设计事务所。

童年时期，弗兰克·盖里的母亲经常喜欢带小盖里去看画展，在一幅幅美丽的画作里他感受到了艺术的魅力，并为之深深着迷。在弗兰克·盖里的建筑中，我们能感受到艺术与建筑的交融，这与他从小受到的熏陶息息相关。弗兰克·盖里喜欢动手游戏，他8岁时经常将祖母烧壁炉用的木头拿来搭积木，在地板上建造城镇，搭一会儿便站在一旁细细端详，不断对木头摆放的位置做出调整，祖母会陪他一起玩并给予鼓励，这给小盖里带来极大信心。当他长大后不知道要干什么时，曾经的场景就如同过电影般在脑海中回放。如今弗兰克·盖里已经成为世界著名建筑师，依旧喜欢将自己设计的建筑做出大小不等的几组模型，然后观察、调整，让它们在手中不停变幻，直到满意为止。我们现在看到他那惊世骇俗的建筑也是由此产生，他只是把建筑当成了一场更为盛大的动手游戏，他从不玩自己玩过的，总能变幻出新样式。

弗兰克·盖里对传统建筑不屑一顾，设计时永远不按常理出牌，他的建筑总像是一件抽象主义的大型雕塑。当人们想要在弗兰克·盖里的设计中找寻一定规律时，会发现无处下手，当人们试图去对建筑中的曲线、空间、变幻、断裂做出解释时，才惊觉完全没有答案。弗兰克·盖里有句名言："不存在规律，无所谓对，也无所谓错。什么是丑，什么是美，我弄不清楚。"他的建筑可以用一句话来概括，就是没有原则。这种迥然不同的设计风格，使他不被其他建筑师理解，经常受到建筑界朋友的鄙视和嘲笑，他在建筑师中几乎找不到谈得来的朋友，但却意外地与艺术家们相处得很好。弗兰克·盖里喜欢绘画和雕塑艺术，虽然他不会画画，这点看上去很遗憾，却一点儿不影响他的建筑创作。在艺术的世界里，弗兰克·盖里能感受到自己更能被接受，他经常参加一些艺术家的宴会，结识一些有影响力的现代艺术家，他们在一起相谈甚欢。与艺术家的交流对弗兰克·盖里有一定的影响，他建筑中表现出来的某种特质，有时看上去更像一位艺术家而非建筑师。

弗兰克·盖里对建筑艺术的探索分为两个时期。20世纪七八十年代主要从事单栋住宅设计，使用大量的工业材料，建筑总是像没有完工，看上去支离破碎，他为自己设计的住宅就是一个代表。20世纪80年代以后，弗兰克·盖里

乃什奈尔—奈得兰登大楼

跨入了建筑生涯的决定性阶段。他开始设计大型的公共建筑，使用特殊的金属材料，建筑倾斜扭曲，有机形体相互拼合，形式变得更加古怪。在这两个时期里，建筑材料也有很大的变化，他对大量非传统建筑材料的运用，最初是受到祖父五金店灵感的启发，他在那里获得了对各种材料的基本认知，这也让他变得更加大胆。弗兰克·盖里的设计总有着突破传统的极大变形，常规的建筑材料已经不能满足他的要求，他想到了一些铁皮板、铁丝网笼等材料。这些材料之前被用于搭建临时性的板房，虽说有很好的功能，却总被人忽视。弗兰克·盖里认为建筑的材料没有高低贵贱之分，他曾运用这些材料设计了一系列的住宅建筑。

弗兰克·盖里的建筑以"型不惊人死不休"而闻名于世，具有极为突出的视觉艺术特性，他以独创性的建筑形态，向世人彰显了非凡的艺术想象力。这位特立独行的建筑师并非一开始就如此叛逆不羁，在最初十几年里，弗兰克·盖里和大多数建筑师一样，设计一些中规中矩的现代派建筑，虽然这并不是他喜欢的，但这份工作可以给他带来丰厚回报以维持家庭开销。直到有一天，在圣塔莫尼卡商城建成的晚会上，他遇见了商会主席，商会主席看到他设计的那些与传统建筑格格不入的模型时，便询问盖里是否喜欢自己参与设计的圣塔莫尼卡商城，弗兰克·盖里很直白地表达了自己对这个庸俗、刻板建筑的厌恶。之后两人进行了关于建筑方面的深刻讨论，这次探讨让他茅塞顿开，毅然决然抛下了收入丰厚的商业项目，去设计自己喜欢的建筑。

在弗兰克·盖里建筑生涯的最初阶段，由于他的设计突破常规，人们一时无法接受，很少有人愿意请他。接不到活也就意味着没有收入来源，这让他在一段时间内过得相当艰难。虽然如此，做自己喜欢的设计，他依旧感觉到快乐。

弗兰克·盖里在布拉格旧城的莫尔道河畔设计了一处以变形玻璃和钢筋混凝土为主要建筑材料的大楼，这座大楼处于街道的转角处，在充满历史文化气息的城区中显得格外醒目。大楼如同一个跳舞的女人，上下向外倾斜，勾勒出曼妙的腰身。弗兰克·盖里为了让大楼具有活力，还在建筑的外墙增加了许多波浪状的装饰线，并把大楼窗户也设计得大小不一，上下错落分布。大楼的顶层为餐厅，中间为办公用房，底层是商业用房，这座建筑后来成为当地的著名地标。

弗兰克·盖里的建筑并非一成不变的，他总是不断地摸索，寻求新的表现方式。位于西班牙的古根海姆博物馆将他推向了事业的顶峰。西班牙毕尔巴鄂市的古根海姆博物馆是弗兰克·盖里最出名的作品，有"一座建筑挽救一个城市"之名，让西班牙这个原本安静没落的港口小城，变得熙熙攘攘，迎接着世界各地慕名而来的游客。艺术评论家罗伯特·修斯认为它是"20世纪最重要的两个美国建筑师之一"（另一个是弗兰克·赖特在1957年设计的纽约古根汉姆艺术博物馆）。

1998年，68岁弗兰克·盖里设计完成了西班牙古根海姆博物馆。毕尔巴鄂市是西班牙的一个港口城市，最初由于优良的港口兴盛于西班牙称霸海上的年代，后因出产铁矿，着力于发展工业，曾有过一段经济繁荣期后。由于铁矿枯竭，逐渐没落，1983年的那场洪水更无异于雪上加霜。因此西班牙政府投入巨资建造了

古根海姆博物馆

这个博物馆，希望以此来吸引游客，通过发展旅游业来振兴毕尔巴鄂市的经济。

古根海姆博物馆如同一朵盛开在西班牙大地的金色玫瑰，永远金碧辉煌、熠熠生辉。博物馆建在河边，在河的北侧，建筑横向延伸，好像随着水流律动，与外部环境巧妙相融。古根海姆博物馆总造价1.35亿美元，占地24000平方米，一楼是一条长130米、宽30米的画廊，是世界上最大的画廊之一，还有11000平方米的陈列空间，分成19个展厅。展厅又分为永久性作品陈列厅、临时性作品陈列厅和精选当代艺术家作品陈列厅三大部分。博物馆的南面朝向19世纪的旧区建筑，弗兰克·盖里故意将原本舒缓的造型打碎，使其变得混乱、无序，以求与之协调。在第二、第三层南面也是连续规整排列的方形展厅，用西班牙当地的石灰石外墙材料来营造空间，里面陈列着永久性作品。而北面朝向新城区，用具有时代气息的金属板、钢和玻璃营造出随意、凌乱的内部空间，在里面陈列着当代艺术家作品和临时性作品。博物馆使用玻璃、钢和石灰岩等材料，中央大厅的表面还采用了昂贵的钛金属，薄薄的钛金属片在风中抖动，形成不断变动的光影效果，让大尺度的建筑变得不再沉闷。1996年普利策克建筑奖得主——西班牙著名建筑师拉斐尔·莫尼欧对它由衷叹服道："没有任何人类建筑的杰作能像这座建筑一般如同火焰在燃烧。"

世界各地的游客慕名而来，推动了当地旅游业的发展，建造博物馆的最初目的达到了。西班牙古根海姆博物馆建筑设计得很美，但除去这些，超脱于建筑本体之外的社会和经济效益，让这一切变得更有意义。

弗兰克·盖里的建筑在欧洲受到重视，在美国却没有那么成功。美国是个开放的国家，对于前卫建筑接受能力理应更强，可事实却并非如此。民众是开放的，但政府却相对因循守旧。美国政府的工作人员是一些中低收入的市民选举出来的，这也就代表着要多发救济金，前卫的建筑远没有提供温饱的面包来得重要。这样我们就可以明白，为什么在洛杉矶这样一个国际化的大都市，市中心的名家设计却屈指可数。

弗兰克·盖里的迪斯尼音乐厅就是在各种反对声中建起来的。迪斯尼音乐厅地处洛杉矶市中心的格兰大道上，于2003年10月23日落成。独特的外观使它成为洛杉矶市中心南方大道上重要的地标。整个建筑总花费2.75亿美元，占地约21亩，总面积达3万平方米。整个音乐厅主厅可容纳2265个席位，除此之外，还有能容纳266个座位的罗伊迪士尼剧院以及百余座位的小剧场，甚至还包括一个3000平方英尺的由加利福尼亚艺术学会监管的艺术廊。在音乐厅的后门设计了一个公共广场和一个花园，为人们提供了娱乐、休闲场所。音乐厅外部，我们所看到带有亮光、富有律动的建筑表层，它由12500张大小不一的块状不锈钢片组成，用在这层金属外层上另覆一层的方式首尾相连，没有任何两块是完全相同的。这些钢片的长度可达80公里，整个建筑呈波浪状，像是鼓起风帆正待远航的帆船。与建筑外部的金属质感不同，内部填充着具有暖色调的道格拉斯杉木，让人们能够放松心情，享受一场音乐盛宴。

作为一个音乐厅，光有美丽的外壳远远不够，还需要有好的音响效果，这让盖里在设计上花费了很多心思。音乐厅为了营造更好的听觉享受，将座位环舞台设计，音乐厅内设有调节声音反射的板墙，还在舞台后部听众席的一个中心位置席安装了具有6125根管的管风琴。弗兰克·盖里对每一个细节都进行了严密的推敲，力求让声音呈现得更为完美。尽管设计时费尽心机，但当建筑主体工程基本完成时，弗兰克·盖里依旧不放心音乐厅的音效，便请洛杉矶交响乐团的首席指挥依萨·帕克索洛宁带着一位提琴手来现场演奏。弗兰克·盖里的设计让音乐厅的声音效果好到出奇，人们都被音乐厅的音效惊呆了。音乐厅开幕后，音乐演出经常一票难求，就连非演出期间，音乐厅也会迎来无数的参观者。

迪斯尼音乐厅最终取得了不错的成绩，但这一切都来之不易。这个建筑从定下设计方案到最终完工，前前后后花费了十几年的时间。它能够最终呈现在世人面前，中间经历过各种磨难。迪士尼音乐中心的模型最初在《洛杉矶时报》上发表后就受到非议，读者认为它是"一堆打湿的扑克牌"。后来在建造时资金又严重超支，几度停建，政府不得不卖掉债券，又加上前洛杉矶市长理查·雷登与加州慈善家艾里·博洛特展开募款活动筹得资金，才使建筑得以落成。迪斯尼音乐厅的曲折历程并没有随着建筑的完工就此结束，它建成没多久就出现了新的问题。由于外面的钢片太过刺目，引发了一些事端。有着一定弧度的片状不锈钢薄片如同镜子般反射光线，特别是在日光强烈的时候。这些被反射的炙热阳光落在了周边的公寓和街道上，公寓内的居民空调费用激增，过往的行人都忍受不了路上的高温，甚至路边的垃圾都会自燃。经过测量，路边的温度竟然达到了60℃，因此不得不采取一些措施。通过电脑分析，将容易折射的几个部分用喷砂的方式降低亮度，才解决了这个问题。

当我们看到西班牙古根海姆博物馆、迪斯尼音乐厅及其他的建筑作品时，不禁会想：这些形态诡异、突破常规的建筑，既能将艺术的自由奔放以各种扭曲、变形、破碎、凌乱的设计表现出来，又能利用物理学、工程学原理让建筑能岿然不动地立在地上。是如何建造的呢？其实最开始的时候，弗兰克·盖里有过失败的经历，他在图纸上画出令自己满意的设计，可之后建造出来的成品却与他预想中的截然不同，这让他很失望。毕竟单纯设计草图还与实际建造情况有差别，为了解决这一问题，他使用了计算机，选用了先进的航空软件，先勾勒出脑海中所想的大致草图，然后将它用模型表现出来，再将各方面的数据输入电脑进行计算，这样得出的数据更加准确，建造出来也不会有太多偏差。弗兰克·盖里应该庆幸他生活在科技飞速发展的今天，不然以他天才般智慧设计出的作品，将在现实中大打折扣。

弗兰克·盖里的建筑除了对传统建筑进行拆解，将形体扭曲、变形或以几何条块的方式拼凑、堆积之外，也热衷于对动物造型的抽象运用。在他的设计中出现过许多动物形象，譬如：银行的马头，鸟翼般的公交车站牌，蛇形的灯，还有各式各样的鱼等。

鱼的形象在弗兰克·盖里的设计中出现得最为频繁，他对鱼形象的运用，小到一盏灯，大到一栋建筑。弗兰克·盖里曾这样说："我也不是有意识地创作出那么多鱼的形态，当我还是个孩子的时候，我就经常与祖母在每周四去市场。我们去犹太人市场买回活的鲤鱼，把鱼带回多伦多的家中，放进浴缸里，我就会与这些难对付的鱼玩上一天，直到第二天祖母把它们做成菜，盖里出生在一个犹太家庭，在犹太人的宗教里，救世主曾化身为鱼来解救他们，犹太人对于食用的鱼有一定的讲究，犹太教义中规定，吃无鳞片的鱼是对神灵的亵渎。文化氛围的影响，再加上童年的那份喜爱，让弗兰克·盖里一直醉心于研究鱼形状物体的设计。当同行们模仿古希腊建筑试图寻找建筑根源时，弗兰克·盖里这样认为：若要追述事物的最初形态，三亿年前人类还是海里的鱼。

我们印象中的弗兰克·盖里是个叛逆的人，宛若一个外星来客，设计的作品与周边的环境总显得有些格格不入。这种看法从他的某些建筑设计来看却有失偏颇，鱼舞餐厅就是弗兰克·盖里建筑与本土文化结合的一个案例。我们在日本的动漫中，经常会看到飘扬在屋顶的鲤鱼旗，鲤鱼旗在日本是吉祥如意的象征，哪家生男孩的话，就会在自家门前升起一面鲤鱼旗。弗兰克·盖里将这一概念融入自己的设计中，让人们能从前卫的建筑中找到代表着民族文化的影像，这一点相当可贵。

"普利兹克建筑大奖"是建筑领域的最高奖项，60岁的弗兰克·盖里能拿到这个奖项，估计连他自己都无法相信。那时让他一举成名的西班牙古根海姆博物馆还没有出现，弗兰克·盖里除了一些美学冒险性的住宅外，并没有能够奠定一生声誉的作品，而评委把这个奖颁给他，更多的是看到了他在建筑上的可能，预测到他将会变得伟大。事实也证明这些评审人员的眼光是毒辣的，能在五百多位候选人中，挑出了这一颠覆了人们对于传统建筑审美习惯的建筑设计师。

1989年普利兹克建筑奖评审团为弗兰克·盖里做出了这样的评价："弗兰克·盖里的作品，凭借其耳目一新的独创性和纯正的美国式而作为南加州的平民主义景观发展起来。同时它们也展示出一种高度凝练、精致和激进的美学观点，正是这一观点突出了建筑的艺术性。"

这个世界总不缺条条框框的束缚，传统观念如危机四伏的荒野中一处得以安身立命的山洞，大多人甘愿待在黑暗的山洞里，因为这里可以抵挡猛兽，足够安全。但也永远不会缺少具有冒险精神的人，不畏惧猛兽的袭击，走出山洞，带领众人寻得更大的世界。弗兰克·盖里就是这样一位建筑艺术的先行者。他走出去的那一步，颠覆了人们对于传统建筑的一切认知。

理查德·迈耶（1934—）
用一袭白色颠覆建筑界的天才

> 白色允许光和影的奢华表演，使建筑物沉浸在光线中，光线沉浸到每个角落，因此我们可以最纯粹、最基本地感知到光线的存在。
>
> ——理查德·迈耶

每一位建筑师都有属于自己的建筑设计特征，而理查德·迈耶却用一袭白色颠覆了整个建筑界。"白"是理查德·迈耶的作品留给世人的第一印象。这个世界上再没有任何一个字可以如此贴切地形容迈耶的建筑作品了。在这个以眼花缭乱装饰为时髦设计的世界面前，迈耶的白色建筑自有一股超凡脱俗的气韵。白色代表着纯净，但是纯净并不代表着单调，迈耶的白色建筑既富有时代感又兼备传统建筑的质朴气息。

1934年，美国著名建筑师理查德·迈耶出生于美国新泽西州的纽瓦克城，他自幼就对建筑这一行业产生出极大的兴趣。高中毕业之后，迈耶顺利地拿下了纽约州萨卡城康奈尔大学的录取通知书，在校期间主要攻读的就是建筑学。大学毕业后，年仅22岁的迈耶带着书本上的知识在SOM进行实习，而后又辗转到马歇尔·布鲁尔建筑师事务所担任主要职务。1963年对迈耶来说是具有里程碑意义的一年。那年，迈耶和平解除了与马歇尔3年多的宾主关系，随后就在纽约开办了自己的建筑师事务所，与此同时迈耶还先后担任着普林斯顿大学、耶鲁大学教授的职务。

迈耶的设计作品可以说是已经遍及了美国的各个主要城市，除了一系列非常重要的公共建筑外还有数十栋私人住宅，在法国、意大利、荷兰、西班牙、德国等西方国家都有他的独家创作，迈耶顺利登陆中国的处女作——东部华侨城顶级海景别墅，也于2005年在中国深圳与全球观众见面。与无数建筑佳作应运而生的即是数不胜数的荣誉，迈耶曾经多次获得

中国深圳——东部华侨城顶级海景别墅

美国建筑师学会奖和国家建筑奖以及进步建筑奖，这其中最重要的应当是1984年荣获的堪称建筑界诺贝尔奖的普利兹克奖，也因此迈耶同时也获得了建筑界普利兹克奖最年轻的获得者这一称号。当然，迈耶并没有就此止住前进的脚步，1988年迈耶又成功摘取英国皇家建筑师协会的金色桂冠。可见，荣誉和创作成果永远是成正比例关系的。

当然，建筑界最年轻的普利兹克奖的获得者这一称号的荣获并不是一帆风顺的，但却是实至名归。成功的路上总是布满荆棘，即使是天才也无权打破这一规则。迈耶在学习建筑这条路上付出的并不比常人少。当年，迈耶还在康奈尔大学苦苦研修建筑设计时，美国才刚刚摆脱欧洲大陆的独断统治。独立不久的美国对欧洲大陆一直存在着依赖心理，无论是在经济上还是文化上美国社会都不知道如何自处，向欧洲大陆看齐似乎成了那个时代的主题，当时美国整个社会都弥漫着依附欧洲大陆的风气。也因此理查德·迈耶在大学刚毕业的时候，就抱着一颗赤裸裸的朝圣心思，不辞辛劳地跑到欧洲大陆去追溯根植于欧洲传统建筑的源泉，他跋山涉水只为求得自己心中所憧憬的设计理念。迈耶不仅向勒·柯布西耶进行过讨教，也曾几度拜访当时欧洲的建筑大师阿尔瓦·阿尔托，这一切深深地影响了理查德·迈耶以后的建筑构思。

　　1963年之后，迈耶凭借着书本与实践中的经验，在纽约组建了属于自己的建筑师事务所。在建筑师事务所成立初期，大家都不认识迈耶，也不知道理查德·迈耶是何许人也，事务所的生意也是无比惨淡，青黄不接。事务所经常承接到的案子也只不过是一些如室内修复的小案子，之后才开始接手一些家具、玻璃器皿、时钟、瓷器、框架以及烛台等小装饰物件的设计，而迈耶的独创能力也在这些小设计方面逐渐展现出来。成就迈耶建筑师梦想的重要人物首先是他的父母，在建筑师事务所经历了一系列修复、小装饰物件的设计之后，迈耶的父母对迈耶提出要他替他们设计一幢住宅，为了设计出一幢适合老年人居住同时也使双亲满意的住宅，迈耶还特意跑到赖特建筑师事务所设计的流水别墅去亲身体会那种所谓的水平空间感。因为受地理位置、自然环境等客观条件的影响，这种观念上的水平空间感并不适合所有建筑模式。在身受重挫之后，迈耶转向了对其他大师建筑作品的研读，就在此时迈耶发现勒·柯布西耶的许多理念恰好与自己的想法相符，于是迈耶就大胆地借鉴勒·柯布西耶的创作理念，并且在勒·柯布西耶的理念上进行改革创新，这也说明为什么迈耶早期的作品会有勒·柯布西耶作品的影子。同时这也成就了迈耶早期建筑作品的雏形，以至于他后来设计出的作品最大的特点就是永远有自己鲜明的个性，在设计风格上绝不受别人的影响。

　　白色寓意着事物本质的圣洁无瑕、一尘不染，白色系建筑也给人一种与众不同的直观感受。迈耶被世人戏称为现代主义建筑"白色派"教父，这个称呼的由来可不是空穴来风。迈耶用娴熟自如的技术以及出神入化的技艺，谱写了一曲白色建筑艺术的乐章。他曾对自己的两个儿女说过，自己此生最钟爱的颜色就是白色，他曾说："对我而言，白色就是所有的色彩。"迈耶否认白色仅仅代表着简单，虔诚地坚持白色是一种具有张力的颜色，可容纳这世间所有的颜色，能够强有力地表现出世间的所有色彩，并且坚信白色是一种可以扩展的颜色，而不是一种有限的颜色。迈耶无数次在建筑演讲报告中说："白色是我作品的主要特色之一，我用白色来澄清建筑概念，提高视觉的力量。白色是我的主要爱好——空间和光的塑造给了我极大的帮助。"由此可以看出白色对迈耶的建筑是何等重要，它是迈耶一生的挚爱。迈耶近40年的建筑信念都秉承着运用白色这一信仰，他醉心于对白色建筑体系的开拓。

理查德·迈耶在1967年设计出的史密斯住宅是使他成名的代表作。在史密斯住宅这个面朝大片澄碧湛蓝水面的洁白小楼的设计中，充分地表现出了迈耶对自然环境敬畏的设计理念，从室内与户外光线的相互影射的关系中就可以真切地看出迈耶对整件作品的良苦用心。

为迈耶赢取建筑界一席之地的建筑当属洛杉矶盖蒂中心，整个建筑从形体到光线，从空间到环境景观，逐一表现出了迈耶的精心设计。同时该作品也是理查德·迈耶设计生涯中的里程碑之作。盖蒂中心可以当仁不让地称为世界上收藏最丰富的私人博物馆之一，它是由当时的亿万富翁盖蒂捐赠建立的。作为当时世界上最昂贵的博物馆之一，盖蒂中心的招标可谓是备受世人瞩目，世界一流的建筑师们无不对此工程抛出橄榄枝。但是在经过层层严酷的选拔后，决赛时依旧剩下三人一决高下，此三人分别是英国的迈耶、斯特林和日本的桢文彦。1984年，在经过数次较量和评委与投资者的慎重考虑后，迈耶终于战胜其余二人脱颖而出，成功取得了盖蒂中心的设计权。

盖蒂中心是一个汇集展览、艺术、教育、研究、行政、服务功能于一体的建筑群体，整个建筑群体呈现出分散式的布局，建筑总面积共达8.8万平方米，建筑组群主要以白色为主调，坐落于洛杉矶郊外的圣塔莫尼卡山上，位于山丘顶部。迈耶根据圣塔莫尼卡山独有的客观条件，沿着山地原本弯曲的地貌巧妙地建构布局，使各个建筑既保持个性，又与山地有机地融为一体，面向洛杉矶城，俯视太平洋，成功地将建筑群的组织与周围的环境完美结合起来。盖蒂中心共由六组建筑体综合组成，包括博物馆、艺术与教育所、艺术史与人文研究所、餐饮服务中心、信息中心、服务大楼，其中博物馆建筑是整组建筑群中最大同时也是最重要的一组。当然，各个展馆也不是相对独立的个体，迈耶充分利用遮阴廊、亭台楼阁这些小型建筑的特性将各展馆相连。站在盖蒂中心的延续平台上，放眼望去，繁华的洛杉矶城与蔚蓝的太平洋尽收眼底。

在盖蒂中心设计之初，迈耶就与投资方、城市规划局产生了各种各样的矛盾。盖蒂中心就是在各方的不断妥协中成功建造的。迈耶是白色建筑的忠实推崇

洛杉矶盖蒂中心

者，就盖蒂中心这个世界上最昂贵的建筑组群来说，迈耶坚持一贯的经典白色路线。但这却激恼了洛杉矶城市规划局的相关负责人，众所周知，在太阳光的照射下白色是最易出现反光晃眼现象的颜色，而盖蒂中心又恰巧在高速路旁，负责人经过多次科学实验，认为假如这组建筑采用白色就会严重干扰车辆出行，给城市交通带来不可想象的后果。于是，他们委婉地向迈耶提出建议，希望迈耶可以将盖蒂中心的白色换成米色，这样既不违背迈耶对白色经典的忠诚又可以避免车辆交通不便。但是迈耶却固执地始终坚持自己的经典白色不变，于是双方就拉开一场色彩之争。在长达3年的对峙之后，双方终于在这场颜色之争中达成一致，坚持迈耶的白色经典理论不变，采用白色未经打磨的自然石材。看似妥协实则是迈耶的设计权占据了主要地位。除了与城市规划局有重大冲突外，迈耶与投资方在设计思想上也发生过争执，而且这种争执并不是一次或两次。这件坐落于洛杉矶的白色建筑的诞生历经了无数次的坎坷与心酸。在迈耶的整个设计思想中，展厅的内部也一律选用极具容纳与张力的白色，但是投资者却认为白色氛围与艺术品的展示格格不入。无奈投资者把握着整个作品是否成功的权力，迈耶只得向投资方妥协，同意在艺术品摆放的陈列室中引入其他色系。再成功的建筑师也会向现实低头。投资者总是会有一些稀奇古怪的想法，艺术中心的花园设计极不符合投资者的心意，多方协调无果后投资者果断委托了另一位具有后现代风格的园林设计家设计出一个与投资者心意相符的花园。虽然，迈耶对此事异常恼火，但是又出于无奈只得被迫接受别人的设计出现在自己的作品之中。

1997年年底盖蒂中心在美国洛杉矶最终落成，以一袭洁白占据洛杉矶圣塔莫尼卡山的山头，同年向公众开放。盖蒂中心从1984年开始国际竞标到建造完成一共历时14年，耗资高达10亿美元。它不仅仅是世界上收藏最丰富、最昂贵的私人博物馆之一，同时也是与东京国际论坛大楼和西班牙的古根海姆博物馆齐名的20世纪90年代的三大杰出建筑。

2003年10月26日，对于整个罗马天主派教徒来说都是值得庆贺的一天。这座具有地标性的建筑千禧教堂在罗马正式开放。千禧教堂是由理查德·迈耶事务所担任设计的，同样是以一袭洁白傲视于世界建筑之林。它不仅是教堂设计的一个典范，同时也是世界上第三座由建筑师设计的教会建筑。其实千禧教堂这个工程早在1995年就开始启动了，而迈耶同样是在高手如林的建筑师竞争者中一举夺魁。这次的竞标并不比盖蒂中心的竞标容易，与迈耶同台竞标的还有安藤忠雄、S·卡拉特拉、彼得·艾森曼、弗兰克·盖里等国际知名的建筑师。千禧教堂是信奉天主教的教堂，而迈耶则是犹太建筑师，所以迈耶事务所的接手设计也是天主教与犹太教的和平演进。迈耶也被认为是历史上首位被委托建造天主教教堂的犹太建筑师，这当然也遵守着教皇希望增进天主教与犹太教之间和平的原则。"我认为能被挑选上是一个莫大的光荣。"迈耶说道："这对教廷与犹太人间的历史而言是和平的象征，因此是很重大的责任。"迈耶对此工程的用心也是天地可鉴的。

千禧教堂距离罗马市中心大约有6英里，建筑面积共达11万平方英尺，它的附近有一群中低收入居民的住宅楼以及一座开放公园，整个建筑包括一座教堂和社区中心，两者之间被四层高的中庭紧紧嵌合在了一起，使人从视觉上首

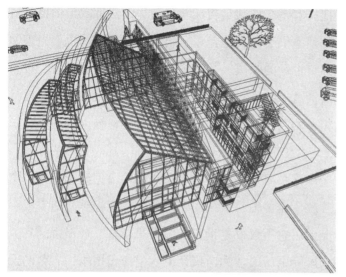

罗马千禧教堂设计草图

先看到的是一个整体。三片弧墙的翘壳高度从56英尺逐步上升到88英尺，远远望去就好像一架即将在蔚蓝天空中起航的白色风帆。而这座拥有三片大型弧墙的千禧教堂也成了迈耶建筑设计中最为闪亮的一笔。

这座极富个性的千禧教堂，从外观上看仍然保留着传统教堂给予人的那份崇高和令人敬畏的感觉。千禧教堂中简洁的玻璃屋顶和开阔的天窗使得光线自由而平和地倾泻而下，给人一种亲近之感，这是罗马天主教徒没有望而却步的主要原因，在这片中低收入居民住的郊区中，千禧教堂的诞生并没有显得格外突兀或者是给人一种畏惧而不可亲近之感。白天，因为别致天窗的设计，人们置身教堂中也可以直接沐浴阳光，使人们感觉就像在大自然中做礼拜一样；夜晚，教堂的灯光柔和地照亮教堂，营造出一种天堂的景象。

诚然，千禧教堂实际上并不是如我们眼睛所看到的那样完美无瑕，在整个教堂的建造过程中迈耶也与投资方有着这样或那样的碰撞，而整个教堂最大的败笔在于教堂的整体音效。迈耶试图通过建筑结构对声音的传播进行建构，但是教堂的人们却为了顾及现代性加装了音效设备，造成了在千禧教堂这个幽静的地方，神职人员和朗诵者的诵读声听起来像从20世纪的广播里传出来的一样。迈耶也对此事进行过批评，他说："我们有许多问题是由于原本的设定被恣意更改，被来自各方的礼物代换，音效系统便是礼物之一。"

2003年建成的千禧教堂与1973年约恩·伍重建立的悉尼歌剧院有异曲同工之妙，两座建筑都被世人评为"帆"的样式，并且都是白色经典，这又引起社会对迈耶千禧教堂的质疑。毕竟，悉尼歌剧院的建造确实在千禧教堂之前，不排除迈耶有抄袭的嫌疑。相关建筑刊物也曾经这样形容千禧教堂的这三座弧墙，"这是相似于约恩·伍重设计的悉尼歌剧院的'帆'"，但是迈耶也对此做出了合理的解释："这三座墙与悉尼歌剧院极为不同，它们从地面向上伸出，而不是如悉尼歌剧院的帆船本是建筑延伸的一部分。就建筑体系与空间的规划而言，这完全是不同的想法。"信奉耶稣的天主教廷更是将这三座弧墙象征为圣父、圣子、圣灵，但是迈耶本人却给予了否认。

因为千禧教堂独特的三面弧墙是由三个半径相等的球面组成的，前来进行礼拜的各地民众也会惊奇地发现，自己正置身在三个大小相同、彼此又相互交叉的巨大球体中。因此来此朝拜也变成了一种享受。

除了东部华侨城顶级海景别墅、史密斯住宅、盖蒂中心和千禧教堂，迈耶的主要建筑作品还有密歇根道格拉斯住宅、纽约市布朗克斯发展中心、新哈莫尼文艺俱乐部和亚斯兰大高级美术馆等。这些建筑无一例外是采用白色作为整个建筑的主题。虽然白色派建筑依旧存在着不可避免的不足之处，但是迈耶却说了一句令人回味无穷的话："白色创造了一种中性的表面，在这个表面上会出现空间感，并增强人对空间的结构感和秩序感。白色允许光和影的奢华表演，使建筑物沉浸在光线中，光线沉浸到每个角落，因此我们可以最纯粹最基本地感知到光线的存在。"

在迈耶多年的建筑师职业生涯中，是"白色"信仰给了他创作的源泉，白色是迈耶坚持不懈地追求自我风格并取得巨大成就的原动力。

安藤忠雄（1941— ）
光与影

> 要超越不同文化的冲突，并非易事。单靠一名建筑家并不能
> 做些什么，但是，既然建筑与人类的文化息息相关，就应该通过
> 建筑，表达某种意义。
>
> ——安藤忠雄

当我们在那一个个充满浓重禅意的空间中，找回久违的安详、平静时，很难想象设计它的人天生易怒。不知上天是否赋予了一些人生来就有的才华，无论曾经偏离了多远，都能重新找回属于自己的那条路。安藤忠雄，他以清水混凝土为利剑，切割开光与影双重空间；他以理性为基，建构起富有哲学意味的艺术殿堂。

安藤忠雄素有"没文化的日本鬼才"之称，他的成名之路充满传奇色彩。安藤忠雄于1941年出生在日本大阪一个商人家庭，童年时跟着外婆长大，外婆教会了他，只要不妨碍他人，就去做自己喜欢的事。他能自学建筑，并成就了一番作为，兴趣是决定性原因。

安藤忠雄中学毕业后，就没有接受正规教育，离开学校后，他并非从一开始就从事建筑行业，最初曾跟着一位师傅学习木匠手艺，后来从事拳击运动。他在17岁时获得了职业拳击手的执照，成绩还不错，用他的话说，就是胜七败三。但安藤忠雄在看过一个叫原田政彦的拳击手训练后，觉得自己没有办法达到那个境界，既然无法做到最好，索性就不在上面下工夫。

即便安藤忠雄不从事建筑行业，在其他领域依旧能有一番成就，他似乎在做

一件事情时就想做到最好，不然就干脆放弃，他结束自己的拳击事业就是最好的证据。

安藤忠雄是自学成才的典范。关于自学建筑，安藤忠雄总有自己的解释："因为没上大学，也没有可以拜师的对象，所以才自学。"其实这样一个选择也是迫不得已，安藤忠雄的家庭条件并不宽裕，再加上他的学历程度不够，只能边工作边学习。

也许站在求学多年的学生角度来看，自学意味着，不用按时按点地去上课，不用去完成作业，不用担心考试，想怎么学就怎么学，这完全是引人向往的自由空间。但现实状况并非如此，围城里的人永远不懂围城外的世界。安藤忠雄因为没有接受过正规的建筑学教育，对建筑的相关知识一无所知，他身边也没有懂建筑的人或者年龄相近的人一起探讨，就算遇到问题也无人解答，一切全凭自己摸索。就在安藤忠雄一筹莫展觉得前路渺茫时，突然灵光一闪，想到了一个好方法。他开始潜入自己无法就读的大学旁听建筑系的课程，但仅凭听几节课只能窥到冰山一角，这是远远不够的。于是他便开始收集大学里建筑系用的教科书来读。安藤忠雄对自己向来要求严格，对于一个建筑门外汉来说，单是想要把这些专业书全看完就是一项庞大的工作，可他又给自己定了目标，要在一年内看完别人要学几年的书籍。为了达成目标，安藤忠雄发挥了超乎常人的韧性，他经常用打工的午休时间边啃面包边看书，晚上也舍不得睡觉，看到很晚。辛苦的努力最终没有白费，他在度过了一年手不释卷的生活后终于把书看完了，虽然他自己也承认书中有一大半的内容看不懂，但竹篮打水最终竟不是一场空，从缝隙间跑走的水，也带走了竹篮上的污渍。这一年的时间，让安藤忠雄对大学的建筑教育体系有了一定了解，并疏通了自己在建筑上的知识，与此同时，他还去上夜校，学习设计。

我们总能从安藤忠雄的身上找到一位大师的影子，两人的经历十分相似，这位大师就是柯布西耶。他们两个一样都是非科班出身，同样在旅行中寻得灵感，安藤忠雄对这位大师推崇备至，他曾经亲自去过柯布的朗香教堂，对建筑中光与影的理解受柯布很大影响。

安藤忠雄最初遇到柯布西耶是在他20岁时，安藤忠雄在大阪道顿堀的"天牛"书店里面看书，他在不经意地翻阅间看到了柯布西耶的作品集，这就好比久旱逢甘霖。但安藤忠雄很穷，这本作品集虽然只是一本二手书，他也买不起。但他又怕被别人买走，于是在每次读完之后都把它藏在一个很不起眼的角落里。但这也不能让安藤忠雄放心，他每次经过这个书店都前去查看是否被卖掉。就这样忐忑不安地过了一个月后，安藤忠雄才攒够了钱，把这本书买下来。好不容易才买下的书，仅仅拿来看有点浪费，于是安藤忠雄开始临摹上面的图案。虽然安藤忠雄没见过柯布西耶，但两个人相似的经历和对建筑的热爱，让他更能读懂这位伟大的建筑师，他对柯布西耶的情感冲破了单纯的崇拜。

在20岁那年，安藤忠雄进行了一趟属于自己的旅行，他环游日本。这次行程的主要目的，一方面是看丹下健三的建筑，另一方面是为了寻找散落在各地的古老建筑。他被当地传统民家的住宅吸引了，这对他后来的建筑风格产生了一定的影响。丹下健三是在二战之后重建广岛的建筑师，也是日本第一个获得普利兹克建筑奖的建筑师。在丹下健三的众多作品中，对安藤忠雄影响最深刻的就是广岛和平纪念中心，他在这里感受到了建筑中蕴含的撼人心魄的力量，这次的"相遇"让他毫不犹豫地投身到建筑师事业里。

建筑的历史就是从希腊、罗马开始，雅典卫城之丘的帕特农神庙与充满戏剧性的光之空间的万神庙，就如同一根标杆，是无数建筑师魂牵梦萦之地。安藤忠雄也如此。他于1964年踏上了欧洲之旅，这让他耗尽所有积蓄，但这一切都是值得的，就如外婆对他说："钱不是拿来存的，钱善用在自己身上时才有价值。"他以柯布西耶为目标，走的也是同一条路线，从芬兰、法国、瑞士、意大利、希腊，再到西班牙，随后绕经非洲开普敦，再到马达加斯加、印度、菲律宾，之后回国，为期七个月。但旅程总会抱有遗憾，在他抵达巴黎的前几个星期，柯布西耶离开了这个世界。他见到了自己做梦都曾梦到过的柯布西耶的建筑，却没能与这位大师见上一面。在随后的几年，只要存够了钱，他就会出去旅行，这些存留在20岁的旅行记忆，成了他一生无可取代的财富。

旅行结束后，安藤忠雄于1969年在大阪梅田附近开办了建筑事务所。他手

下有25名员工，这是他能善尽全责的最多
人数，他对这些员工要求严格，他不会因
为设计感太差去骂他们，这是能力上的问
题，但他容忍不了员工工作态度的散漫。
事务所创设的最初几年，对于一些工作怠
慢、还不动脑筋思考的人，安藤忠雄常常
火冒三丈，严重的时候甚至拳打脚踢。安
藤忠雄对事务所里的员工寄予厚望，他希
望自己训练出来的士兵，不能只适于团队
协作，还要能够单兵作战，独当一面，他
要的不是一个听从指挥的团队，而是以自
我为赌注，充满信念、身负责任的个人。

住吉的长屋

　　住吉的长屋是安藤忠雄在日本开业后
的第一个设计，也是他的成名作。这座建筑位于大板住吉区的一个老街上，它
被两边的住宅挤在中间，宽度大概只有4米，长约14米，建筑也只能呈细长条分
布。4米宽的墙面临着街道，整面墙上仅开了一道门。从外面看上去，总会觉得
这是个小黑屋，可当你走进建筑的内部会豁然开朗。这一切都源于庭院。安藤忠
雄将这个长方形的混凝土盒子分成了三个部分，两端为房间，中间部分为庭院。他
对庭院有非同一般的执着，在这个狭小的空间里也是如此。他认为"无论是多么小
的物质空间，其小宇宙中都应该有其不可替代的自然景色"。庭院是人们与自然接
触的途径，在这里将自然的风、雨、光引入，让建筑与自然相融。同时它也是一个
过渡空间，从建筑的一端到达另一端，而且人的很多活动都要在这里参与，这也成
了人们交流感情的重要场所。

　　住宅前后部分的建筑有两层，底层的一侧是客厅，另一侧是厨房、餐厅和卫
生间。上层为主卧室和儿童房，庭院将它们分开，这样就能保障每个房间的私密
性。从庭院内的楼梯可以通往二楼，再由一座桥将前后的建筑连接。

　　这是用很少的地面建起的"大"房子，当然"大"是从庭院带来的视觉感官上来说。这个住宅从开始建造时，安藤忠雄就告诉业主，这个房子也许会很难住。在这样的担忧中建造起来的住宅，也的确受到了非议。人们认为，在这个狭小的空间里，遇到下雨天，去哪里都离不开一把伞，除非用跑。但这栋房子的主人一直没有离开，排除其他因素，至少说明这个建筑是可以住人的。

安藤忠雄曾评价住吉的长屋，他说："这个小住宅是我作品后来的起点，它是我值得纪念的建筑，也是我所钟爱的建筑之一。这栋房子是三幢联排住宅中间的一个矩形插入体。我的基本构思是楔入一个混凝土盒子，并在其间创造一处世外桃源，和一个有多样化空间和动态直线组合的简洁构成。"

住宅作为人们在世间奔波的一个安居之地，它的意义并不局限于停留，这是一处归依之所。建筑本身的意义也不同于绘画、音乐等其他的艺术形式，它与人的现实世界紧密相连，我们甚至会在一座房子中住几十年，对细节的考量就很必要。安藤忠雄总是要求事务所的人员在设计时注重细节，因为他明白一座住宅对人的意义，他也在尽最大的可能将自然带入，让人住得舒适。

除了住宅外，安藤忠雄也设计建造了很多具有宗教色彩的建筑，其中光之教堂就是最具代表性的一个。光之教堂是安藤忠雄教堂三部曲（风之教堂、水之教堂、光之教堂）中最为著名的一座，它在建设之初就面临许多困难。

1987年春，宫本二美生来到安藤忠雄的事务所，他的目的是请安藤忠雄设计一个新教堂。宫本二美生是大阪茨木市日本基督教团茨木春日丘教会的会员，15年来教会的会员一直在简陋的木结构教堂中进行教会活动，他们想要建造一座新教堂，于是就找上了安藤忠雄。他这样对安藤忠雄说："我们认为，作为建筑家，你是我们最好的选择。可是作为条件，我们没有很多的钱，所以这也是我们请你来设计的理由。"当时日本正处在建筑改革的热潮之中，建材价格也直线飙升，按照教会给的经费，即使安藤忠雄做出了这个设计，恐怕也不会有承包单位愿意做，因为他们几乎无法从中获得利润。

最终，安藤忠雄还是接下了这个教堂的设计，因为他对教堂有着最本能的期待。他曾在日本神户设计过"六甲教堂"，而且北海道"水之教堂"的设计工作也正在进行，但这两座建筑都是作为宾馆的附属建筑，它们的功能为婚礼会场，并非真正意义上的教堂。安藤忠雄曾前往柯布西耶的朗香教堂，在那外表没有一条直线的建筑面前，受到了前所未有的灵魂冲击，他将那份感受铭记在心，同时开始思考，自己的教堂又会是什么样子。时隔多年，光之教堂给了他这个答案。

光之教堂位于大阪城郊茨木市北春日丘一片住宅区的一角，由于资金所限，只能盖出类

光之教堂

似钢筋混凝土箱子的房子。安藤忠雄索性由"箱子"下手，设计了一年，才定下方案。教堂由一个混凝土的长方体"箱子"和一道与之成15度的横贯墙面构成，建筑面积113平方米，共两层，一楼设有礼拜堂，二楼作为教会的学校使用。礼拜堂正面的混凝土是整座建筑的一大亮点，也是这座看似朴实无华的建筑成名的原因。安藤忠雄在整个一面的墙壁上留下了一个十字形缺口，并在里面镶嵌玻璃，他根据光线的照射来定这面墙的朝向，建筑内部除了这个十字形的缝隙外，没有大的窗户。安藤忠雄就是要刻意营造出绝对黑暗的空间，以求光与影的交织得到最大限度的呈现。当阳光从墙上的十字形玻璃中渗出，这也就成了教堂唯一的光亮，"光的十字架"也由此产生了。十字形的墙面分割，让信徒在这里产生离上帝更近的微妙感觉，沉溺于光影编织的神圣世界。礼拜堂内部，无过多装饰，因为安藤忠雄说："墙上不用挂画，因为有太阳在上面作画。"

视线在十字的光亮中停留，无暇观察其他。但这个教堂的特别之处，并非

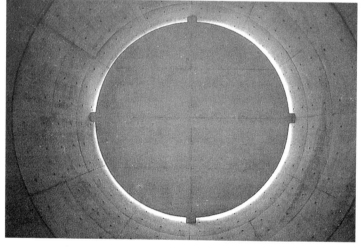

冥想之厅

只有这一个，安藤忠雄说过："我也很喜欢一些对光的处理。对于我来说众人都是平等的，如果去梵蒂冈，教堂就是在很高的台阶上，我设计的光的教堂正好相反，信徒是在上面，台阶是向下跌落的，造成牧师与信众的平等，其实这才是光之教堂的精华所在，而不只是漂亮的用光。我获得教会建筑奖，其评价就是从来没有过信徒与牧师这么平等的教堂。"

与柯布西耶所设计的朗香教堂的光墙相比，这座光之教堂，除了自然的光线之外，没有其他色彩。如果说朗香教堂是波涛汹涌的大海，光之教堂则更像是湖泊，带来的是宁静。在安藤忠雄冥想之厅的几何弧度中，我们依旧能感受到光与影带来的魔力。

安藤忠雄的作品没有过多的装饰，我们能看到的仅有清水混凝土墙面。他在最初建造自己事务所时曾用过这种材料，从此之后便一发不可收拾，现在甚至演变为日本建筑的一大特色。说到普通混凝土，大家都不会陌生，但这种材料不具备美感，一般在建筑中都用于打底，柯布西耶、丹下健三这些建筑师也曾尝试过用它来表现建筑中的粗狂质感。但安藤忠雄追求的是建筑材料展现出的细致与柔和，要达到这种感觉，材料需要做出平滑的质感，清水混凝土就变成他的首选。

清水混凝土又称装饰混凝土，它看似朴实无华却独具韵味。清水混凝土与普通混凝土的区别就在于其中水的比例不同，清水混凝土中水的比例高些，但这一点也极难把握。清水混凝土有一个特性就是"还没拆下模板前，不知成败"，因而在建造时要求很严格，当把混凝土注入模具时，施工人员要拿着木槌敲击模板，力图使混凝土到达模具的每个角落，一旦最后失败，将没有补救的余地。因此清水混凝土建筑花费的费用要比普通混凝土高很多，人们要的就是清水混凝土特有的质感，但清水混凝土建筑一旦建成，不需要装修就可以住人，这也减少了室内装修的费用。

安藤忠雄以光与影来营造建筑的整体氛围，以几何形状清水混凝土组成建筑的整体框架，将哲学的理念融入其中，在他的设计中没有多余装饰，很简单，很直接，也很有力量，而且总带有禅意，耐人寻味。

1995年，普利兹克建筑奖评委会对安藤忠雄这样评价："安藤忠雄属于那种罕见的能以一种仅依靠个体的方式将艺术和理性感悟结合起来的建筑师。"从光影之间透出的哲学思想，让建筑拥有生命，不再只是空虚的外壳。

扎哈·哈迪德（1950— ）
特立独行的建筑女王

当初我非常抗拒被别人称为"女建筑师"，而不是"建筑师"。为什么一定要强调我的性别，而不是我的职业？但是现在，我已经无所谓了。

——扎哈·哈迪德

扎哈·哈迪德是活跃在当今建筑舞台上一颗耀眼的明星，她闪烁的光芒不仅来自于"世界首位获得普利兹克建筑奖的女建筑师"，更来自于她那超级前卫与极富想象力的建筑作品。哈迪德的一生就是与建筑紧密相连的一生，无论这条路如何曲折，她都坚强勇敢地占据了世界建筑之林中的一角。她是建筑界的"女王"，更是世界女性榜样。

扎哈·哈迪德，伊拉克裔英籍女建筑师。1950年，哈迪德出生于伊拉克的首都巴格达。他父亲穆罕穆德·哈迪德不仅是当时非常有名的经济学者，而且还提倡过社会民主、担任过伊拉克国家民主党派的领导人，所以哈迪德从小就生长在一个非常民主的阿拉伯家庭中。父亲的成就深深影响了童年的哈迪德，小哈迪德从牙牙学语时就表现出了与其他女孩子不一样的地方，她对学习非常热衷。与当今众多望子成龙、望女成凤的父母一样，穆罕穆德为了使女儿能够受到国际化的教育，不惜将哈迪德送到了一所英国的修道院读书。在修道院，哈迪德接触到了不同的文化环境，结交到了一群来自不同国家、有不同信仰的朋友，这种不同的文化氛围影响了哈迪德的一生。1968年，18岁的哈迪德告别了父母，选择了前去黎巴嫩首都贝特鲁的美国大学进修。令人万万没想到的是，哈迪德选择了数学作为自己的主修方向。在当时，学习数学对女孩子来说无疑是一种挑战，但是哈迪德曾这样对家人说："我想做很多事情，不能用某一件事拴住我。所以我暂时选择数学。"开明的穆罕穆德到最后不得不无条件支持女儿所做的决定，本以为哈迪德会顺着数学这条路走下去，但是1972年，大学毕业后的哈迪德放弃了立刻选择工作，而是进入伦敦的建筑联盟学院学习建筑学。

故事总有雷同，哈迪德也为能够成为一位知名女建筑师付出过辛勤的汗水。从小哈迪德就对波斯地毯繁复的花样非常痴迷，她为波斯地毯上绚丽的花纹而痴迷。1961年，年仅11岁的哈迪德第一次接触到了"建筑"，那时一个家庭朋友送给她姑姑的别墅模型成了小哈迪德的最爱。父亲穆罕穆德见女儿对建筑如此感兴趣，就把每年夏天去欧洲旅行、参观建筑和展览作为对哈迪德的奖励。这无疑为哈迪德成为女建筑师夯实了基础。虽然大学期间，哈迪德没有选择进修建筑学，而是选择了看似与建筑毫无关系的数学。但是，长达4年的数学学习练就了哈迪德极富动态的抽象思维，这为后期的数字化建筑设计埋下了伏笔。哈迪德在一次访谈中这样说："我在11岁时的理想就是做一名建筑师，但我选择了数学作为大学专业。数学构建了我的想法，不是某种模式而是一种取向。"

1972年，哈迪德开始了真正的建筑师生涯。英国建筑联盟学校是哈迪德梦想开始的地方，她在校学习的那段时间正好赶上建筑联盟学校推行实验性建筑课程改革，改革成就了学校的鼎盛时期，使学校成了世界建筑实验的中心，同时也使哈迪德吸收到了足够的知识养分。哈迪德的老师阿尔文·博尔雅斯基是一位杰出的建筑教育者，他那先于时代的建筑观念深深扎根于哈迪德的建筑思想中。哈迪德曾经这样评价她的老师："博尔雅斯基鼓励进步的思想和先锋意识，因为他不认为你今天的设计必须要明天来建造。其思想在于你可以在10年里建造起来。他确实为未来而建造。5年前他想到的东西没有人可以理解，而5年后人们理解了为什么他想那样做的原因。所以，那不是立等可取的事情。"1977年，哈迪德凭借着优异的成绩顺利获得了伦敦建筑联盟学校的硕士学位证书。

想要在男性主导的建筑界获得成功并非一件易事，但是扎哈·哈迪德却做到了。从毕业设计的制作就可以看出哈迪德非凡的建筑天分，她独树一帜的建筑表现更是无人能敌。哈迪德所画下的建筑草图就像是一幅抽象画，兼具立体主义与超现实主义风格，给人一种强烈的眩晕感。毕业后的哈迪德，加入了大都会建筑事务所，与雷姆·库哈斯和埃利亚·增西利斯一道担任伦敦建筑联盟学校建筑学院的教学工作。直到1979年，哈迪德在伦敦建筑联盟学校成立了自己的建筑事务所，告别了教书时代。

1983年，33岁的哈迪德带着自己的设计作品参加了香港山峰俱乐部的设计竞标赛，并且出人意料地战胜了许多国际知名建筑师，获得了广泛赞誉。哈迪德设计的山峰俱乐部是由三个水平体块拼接而成的，每个体块都相互独立、互不干扰，但都别具特色。一个是单元楼式，一个是旅馆式公寓，另一个则是私人豪华别墅式，三个体块中间是俱乐部的主要活动场所，包括健身房、快餐厅以及图书馆。这一系列的设计巧妙地迎合了当地山体的错落感，山与楼形成了和谐运动的共存局面。哈迪德曾经这样解释自己对山峰俱乐部的设计："没有固定的概念，我是寻找一种突破概念的新东西，细长的造型证实结构建筑的特征之一。"但是，因为亚洲金融危机的爆发，这个俱乐部最终未能实施。

成立之初的建筑事务所并没有想象中的那般如意，即使哈迪德在德国柏林"库弗斯坦路70号"大街、杜塞尔多夫艺术和媒体中心的竞图中均获得一等奖，但是建筑事务在近十年间都没有一栋建筑成品，或许是哈迪德的建筑表现图很难使人理解吧！而哈迪德也被人戏称为"图形建筑师"。这近十年的理论积淀，消磨了哈迪德的青春岁月，但是确实为她以后的建筑作品打下了基础。

1993年，德国莱茵河畔魏镇的维特拉家具厂消防站的问世，使扎哈·哈迪德的名字再次出现在公众的视线中。维特拉消防站是哈迪德建筑作品的处女作，它被弗兰克·盖里设计的博物馆与安藤忠雄设计的会议厅包围，虽然处在众多大师级的建筑作品之中，却仍不失为一件佳作。哈迪德充分利用了消防站处在农田与道路之间这一特点，使消防站一面沿着街道，一面延伸

维特拉消防站

到农田，设计出了独特的韵律感。整个消防站就像一只纸折的飞镖，如"御风蓬叶，泛彼无垠"。与此同时，哈迪德也没有忘记消防站本身所具有的功能。消防站的主体车库面积为370平方米，可以容纳约5辆消防车，还设有可为35位消防员服务的辅助设施，包括更衣室、卫生间、训练室、俱乐部、会议厅、餐厅等。钢管支柱与三角刀般的钢筋混凝土雨棚增加了消防站的质感，向外翻翘的设计令人赞叹。人们不得不承认，维特拉消防站是目前为止世界上最漂亮、最先进的消防站。

　　因为德国维特拉消防站的成功建造，1996年，哈迪德又接手了魏镇园艺展廊的设计。哈迪德曾言明："决不和糟糕的东西和谐。"但是，也不知是周围环境对园艺展廊的影响，还是园艺展廊影响周围的环境。总之，魏镇园艺展廊与周围的环境达到了和谐一致。园艺展廊的外轮就像优美的曲线，犹如山川河流一般自然，周围环境的规划也呼应着柔美的曲线。内部建筑较为粗犷，再现了地方材料的真实性和文脉。各式各样的窗棂勾画出建筑整体的线条，依然可以清晰地感觉到身处"大自然"。哈迪德从自然环境中抽取了园艺展廊的设计源泉，并将它充分展现。正如她所说："我们不要放弃建筑学，屈服于无理的自然界。重要的是我们想找出那些潜在的价值，从而激发创作的灵感，来适应当代复杂、短暂的生命过程。"

辛辛那提艺术中心

美国辛辛那提当代艺术中心是扎哈·哈迪德最优秀的代表作之一，它不仅被《纽约时报》誉为冷战结束后最重要的美国建筑，同时也是美国境内第一个由女性建筑师设计的美术馆。辛辛那提当代艺术中心坐落于美国俄亥俄州辛辛那提市中心一处繁华的街角，它以凹进凸起的外面结构征服了美国民众。这座由混凝土、钢与玻璃构成的艺术中心足足有六层楼那么高。乍一看，艺术中心就像是悬挂在下部的几个柱子上。艺术中心呈透明状，借由方格的立体设计与灯光的辅助就像一颗璀璨的明珠照耀着战后的美国。为了吸引周边的步行人流，将艺术中心打造成一个极富动态的公共场所，哈迪德巧妙地将建筑底层的入口、休息空间和引导性空间，还有竖向交通空间规划成了一个整体。从入口开始，底层的地面就慢慢向上卷起，最后逐渐与相邻建筑相结合。艺术中心并不只是一个美术馆，它还包括一个永久性的展藏馆、一个教育设施、一个主办公室、艺术准备区、博物馆储藏室、咖啡厅和公共区，中心新楼用于临时展览、现场特定装置或表演，而不是永久性的展藏馆。

辛辛那提艺术中心好似一张漂浮在美国都市中的魔毯，卷帘梯式的大楼既实用又具有审美功用。艺术中心每年都会策划10至12档的艺术展览、20至40场表演，这些非固定式的艺术展现方式，将整个建筑当作是艺术文化的交谊而不是传统的艺术收藏仓库。

其实在中国，也有扎哈·哈迪德的建筑作品，那就是享誉世界的广州歌剧院。广州歌剧院不仅仅是哈迪德建筑作品在中国的首次登陆，也是其建筑事务所建成的首座观演类建筑。歌剧院的总占地面积约4.2万平方米，但是建筑总面积可达7.3万平方米，整体建筑总高度更是有43.1米，是目前华南地区最大的歌剧院。歌剧院的主体是三个排练厅：

广州歌剧院

歌剧排练厅、芭蕾舞排练厅和交响乐排练厅，每个排练厅的设计都独具匠心，既具审美性又可满足各类演出的需求。同时，歌剧院还拥有完备的附属设施，包括票务中心、大型停车库、餐厅等。观众席的设计更是巧夺天工，三层席座位皆呈"双手环抱形"，身处其境就像是被音乐包裹着。天花板的设计也不落俗套，"满天星"的不规则布局，打造了一个富有节奏感、独具个性的艺术厅堂。

自设计伊始历时7年的广州歌剧院完整地体现出了哈迪德的建筑哲学：复杂而动态的流动性。哈迪德认为，景观不仅指可以看见的物质空间，更是其所代表的社会、历史和文化意义。建筑师不应该只关注文化和历史的静态内容，而更是要面向未来，对其进行抽象的提炼和概括，创造出"熟悉而又陌生"的新形式。她曾经这样描述自己设计的广州歌剧院："设计概念来源于自然景观和建筑的美妙互动，以及地形学的影响。广州歌剧院的设计受珠江河谷的独特影响，最后的形态犹如河流侵蚀而成……地表景观中的褶线在歌剧院里延续，创造出一系列室内室外、各种差异化空间和光线。各元素和层面间的平滑过渡延续了这一景观语言。"不得不承认，广州歌剧院的建造核心就是再造自然。哈迪德从广州古老的传说——"海珠石"中寻找到了创作的原动力，把歌剧院塑造成了两块巨大的"砾石"，极富戏剧色彩地呼应着广州城的历史。这两个极具动感的"砾石"隐喻着珠江河畔流水中的岩石，不规则的动态形体模拟出了江水冲刷而显现的动感。但是建成后的广州歌剧院立刻引起了人们的非议，歌剧院的设计方案与周围高楼林立的环境并不协调，反差也相当强烈。一些人认为它特立独行，而另一些人则认为它不符合整体审美。但是哈迪德的解释却更有说服力，她说："我不相信和谐。如果你旁边有一堆垃圾，你会去效仿它，就因为你想跟它和谐吗？"

广州歌剧院是目前华南地区最先进、最完善和最大的综合性表演艺术中心，它坐落于珠江新城花城广场旁，毗邻中国新的金融中心城市广州CBD总部基地，是广州新中轴线上的标志性建筑之一。

在短短几年间，哈迪德连续获得了多个世界级竞赛的胜利并顺利成为世界建筑明星，这在建筑界确实不多见。2004年3月21日，扎哈·哈迪德荣获了建筑界的诺贝尔奖普利兹克奖。这次蟾宫折桂不仅使哈迪德成为该奖设立25年后第一位女性获奖者。正因为如此，哈迪德的成功饱受争议，一些人对哈迪德的成就给予了充分的肯定，说她是厚积薄发，但是以著名建筑师罗伯特·亚当为首的一些人却认为哈迪德的建筑作品是经不起推敲的。罗伯特曾把哈迪德的建筑形态评论为"伪装成建筑的抽象雕塑"，他激烈地讽刺说："一旦人们停止打扫，5到10年内，他们就会倒塌，所剩下的只是一堆肮脏的锯齿状碎片。"

近64岁的哈迪德是个十足的工作狂，是个用生命来热爱建筑的女建筑师。为了建筑艺术，哈迪德至今单身一人，从未婚嫁。但是，一直以来，建筑都被看作是一门男性至上的学问，哈迪德也就此问题发表过一些言论："当初我非常抗拒被别人称为'女建筑师'，而不是'建筑师'。为什么一定要强调我的性别，而不是我的职业？但是现在，我已经无所谓了。如果我可以帮助其他女性在建筑这个行业抬起头来，我觉得没有问题。可能对于许多从事创作的人来说，生活中发生的重大变故，比如恋爱、结婚、生子都会对他的创作风格产生一定的影响。但是我不知道，因为这些事情我没有经历过。但是，我想我的作品绝不会因为我身边的人或事而改变。它是日积月累形成的，而且在20年前就已形成了，不可能在一夜之间天翻地覆。每个人当然都会接受自己的民族、文化背景的影响。我的意思是，在我成长的过程中，我一直有着更多更新更复杂的社会背景影响着我。我是巴比伦人，有五千年文化的历史。"与更多男性建筑师不同的是，哈迪德具备综合的设计能力，这在建筑界是非常少见的。其实，女人的确在很多方面都不如男人强，但是一旦精通就会有意想不到的成就。

扎哈·哈迪德，一个为建筑事业奉献自己一生的女人，为世界建筑不断拼搏奋斗的女英雄。